Avoir une sexualité épanouie

Dans la collection Eyrolles Pratique :

- *Mieux vivre la ménopause*, Dr Roland Cachelou
- *Le nouveau Feng Shui*, Martine Evraud et Sarah le Hardy
- *Chromothérapie et luminothérapie*, Martine Evraud et Sarah le Hardy
- *Vaincre le stress, la dépression*, Dr Patrick Georges
- *Vaincre le mal de dos, la sciatique*, Dr Patrick Georges
- *Stop à la cigarette !*, Dr Ghéorghiï Grigorieff
- *Tabac : arrêter sans grossir*, Dr Ghéorghiï Grigorieff et Sébastien Bailly
- *L'acupuncture*, Dr Ghéorghiï Grigorieff
- *Mieux communiquer avec son médecin traitant*, Dr Ghéorghiï Grigorieff
- *Huiles essentielles*, Nelly Grosjean
- *La phytothérapie*, Anne-Sophie Nogaret-Ehrart
- *L'ostéopathie*, Pascal Pilate
- *Les drogues*, Yasmina Salmandjee
- *Piercings et tatouages*, Yasmina Salmandjee
- *L'homéopathie*, Catherine Trouvé
- *Le yoga au quotidien*, Françoise Colombo

Catherine et Patrice Cudicio

Avoir une sexualité épanouie

EYROLLES

Éditions Eyrolles
61, Bd Saint-Germain
75240 Paris Cedex 05
www.editions-eyrolles.com

Mise en pages : Istria

 Le code de la propriété intellectuelle du 1er juillet 1992 interdit en effet expressément la photocopie à usage collectif sans autorisation des ayants droit. Or, cette pratique s'est généralisée notamment dans les établissements d'enseignement, provoquant une baisse brutale des achats de livres, au point que la possibilité même pour les auteurs de créer des œuvres nouvelles et de les faire éditer correctement est aujourd'hui menacée.
En application de la loi du 11 mars 1957, il est interdit de reproduire intégralement ou partiellement le présent ouvrage, sur quelque support que ce soit, sans autorisation de l'éditeur ou du Centre Français d'Exploitation du Droit de Copie, 20, rue des Grands-Augustins, 75006 Paris.
© Groupe Eyrolles, 2007
ISBN 10 : 2-7081-3770-0
ISBN 13 : 978-2-7081-3770-7

Sommaire

Partie 1 : Le corps : mode d'emploi 7
Chapitre 1 : Les réalités biologiques 9
Chapitre 2 : La santé sexuelle 31
Partie 2 : Psychologie du désir 49
Chapitre 3 : Nos références inconscientes 51
Chapitre 4 : La psychologie du désir 73
Chapitre 5 : Les problèmes sexuels les plus fréquents 93
Partie 3 : Sens de la sexualité 119
Chapitre 6 : Le sens de l'acte sexuel 121
Chapitre 7 : À quoi sert le plaisir ? 143
Chapitre 8 : Les clés de l'épanouissement 167
Conclusion 183
Annexes 185
Bibliographie 195
Tables des matières 197

Partie 1

Le corps : mode d'emploi

Chapitre 1

Les réalités biologiques

Les réalités biologiques forment la base de nos savoirs, il est donc essentiel que nos connaissances s'appuient sur des informations simples et fiables. Or, si la culture du corps tient une place démesurée dans le paysage médiatique, son fonctionnement demeure peu et mal connu, non pas faute d'informations, mais d'une information réellement utilisable pouvant s'intégrer facilement à notre expérience. Aussi étrange que cela puisse paraître, l'ignorance de nos réalités biologiques n'a d'égale que l'abondance d'informations !

Comment vous voyez-vous ?

Beaucoup de problèmes psychologiques et sexologiques prennent leur source dans une représentation de soi inadaptée. La façon dont on perçoit son corps se révèle souvent radicalement différente de celle des autres. La plupart des adolescentes se trouvent grosses ou laides, ou les deux à la fois, car, en se regardant, elles ne voient que les différences entre leur image personnelle et celle des « tops models » auxquelles elles voudraient tant ressembler.

La beauté réelle tient d'abord à l'image de soi qu'on a construit et à laquelle on se réfère. Quand on se sent en accord avec soi-même, le comportement semble naturel et la communication authentique. La « beauté » relève davantage de cette sincérité que de critères comme la taille, le poids ou le volume... Si nous regardons honnêtement les choses, les êtres que nous aimons durablement ou ceux qui nous attirent quelques instants ne sont pas forcément « beaux », mais leur façon d'être entre en résonance avec nos représentations et nos attentes.

Essayer de ressembler à ces images de la beauté corporelle ou de l'attirance sexuelle semble une quête impossible, d'autant plus que ces représentations ne reflètent que l'imagination du concepteur. Les images montrent des personnages qui n'existent pas dans la réalité, ce sont des créations graphiques et non des personnes...

Les représentations du corps

La représentation de soi est déterminante dans de nombreux problèmes sexuels : au nom d'une image de soi dévalorisée, on va jusqu'à s'interdire les jeux de séduction, et encore plus les plaisirs érotiques.

Aujourd'hui, chacun veut éviter de « se prendre la tête », les soucis du quotidien sont amplement suffisants, il est donc inutile d'en rajouter. Mais quand ce refus de « prise de tête » s'applique aussi à la connaissance, à l'acquisition du savoir, ses conséquences peuvent être désastreuses.

Les perceptions corporelles

Elles renvoient à la notion de bien-être ou de mal-être. Beaucoup de gens croient que se sentir bien, c'est ne rien sentir... Or, le plaisir demande une pleine utilisation des sens.

La pleine expression de soi nécessite un peu de réflexion et un certain cheminement personnel. L'épanouissement sexuel commence par une intense soif de découverte, de joie de vivre. Acquérir des connaissances précises sur son corps, son sexe et celui de l'autre permet de remplacer des idées fausses et de bannir les sentiments de honte ou de culpabilité au profit d'une représentation réaliste.

La vulve

La vulve de la femme adulte est une fente verticale bordée de chaque côté par deux paires de replis cutanés que sont les grandes lèvres, les plus externes, et les petites lèvres, les plus internes.

Les grandes lèvres sont charnues ; elles se rejoignent au niveau du pubis, encore nommé poétiquement le « Mont de Vénus ».

Le sexe de la femme : c'est la vulve, ou l'ensemble des organes génitaux externes féminins visibles.

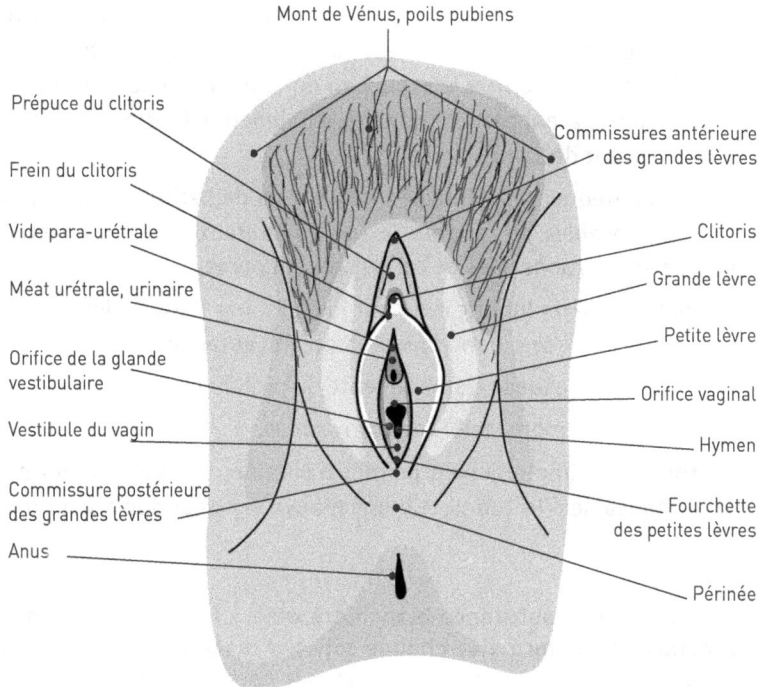

La pilosité

Le pubis, la surface externe et la bordure des grandes lèvres sont naturellement recouverts d'une pilosité qui commence à apparaître au moment de la puberté ; vue de l'extérieur, la surface sexuelle féminine recouverte de poils a une forme triangulaire, pointe en bas, alors que c'est plutôt le contraire chez l'homme.

En fonction de particularités individuelles : origine ethnique, pigmentation, cette pilosité est plus ou moins importante, plus ou moins brune ou blonde et devient plus clairsemée avec l'âge. Cette pilosité est modifiée par l'épilation qui va du maillot à l'épilation intégrale, cette dernière étant habituellement pratiquée chez les populations musulmanes.

Les petites lèvres

À l'intérieur des grandes lèvres, nous trouvons les petites lèvres, ou nymphes, beaucoup plus fines. Il est banal que les petites lèvres dépassent des grandes lèvres. À leur partie supérieure, les petites lèvres se rejoignent pour former le capuchon du clitoris qu'elles dissimulent plus ou moins ; à leur partie inférieure, leur jonction forme la fourchette située en avant de l'anus.

Il est assez fréquent de trouver à son niveau de petites coupures très fines responsables de rapport sexuel douloureux. Plusieurs facteurs peuvent être responsables de ces petites coupures :

- ▶ une absence de lubrification par insuffisance d'excitation sexuelle ou un tabagisme qui modifie la trophicité cutanée ;
- ▶ une activité sexuelle trop fréquente ou prolongée ;
- ▶ un climat hormonal faible en œstrogènes.

Une toilette intime régulière permet d'éliminer le smegma, qui peut être responsable d'irritation et d'une mauvaise odeur due à sa fermentation.

 Le smegma : substance blanchâtre qui se forme naturellement dans le sillon formé de chaque côté par les grandes lèvres et les petites lèvres. Il apparaît aussi sous le capuchon du clitoris.

Il est toujours préférable de se laver avec la main, en utilisant un savon adapté à la toilette intime, les gants étant des réservoirs de microbes.

Le vagin et son rôle

Le vagin est une cavité « virtuelle dans son premier tiers », qui n'existe que par la présence de quelque chose à l'intérieur, comme le pénis masculin. À environ 1 cm de profondeur, des muscles très puissants entourent le vagin. Ces muscles, s'ils sont contractés pour une raison ou une autre, peuvent empêcher la pénétration ou la rendre très douloureuse : il s'agit alors d'un vaginisme, à ne pas confondre avec la vaginite qui est une infection vaginale.

Le vaginisme : contraction involontaire et réflexe des muscles releveurs de l'anus et constricteurs de la vulve, interdisant ou rendant douloureuse toute pénétration.

La zone la plus sensible du vagin, en ce qui concerne le plaisir, se situe au niveau du premier tiers (le tiers externe) et au niveau de sa paroi antérieure, c'est-à-dire la zone du vagin qui va de la base de la vessie et qui est en contact avec l'urètre dans toute sa longueur. Le tissu constituant cette zone est du tissu spongieux, comme le tissu du gland masculin et que l'on trouve aussi autour de l'urètre masculin.

Le point « G »

Le « G » correspond au nom de son « inventeur » le docteur Graffenberg. Cette découverte a été exploitée de façon simpliste, comme s'il suffisait d'appuyer sur le bouton pour déclencher un orgasme ! La sexualité humaine ne saurait se comparer à une machinerie, fut-elle des plus sophistiquées ; ainsi, le fameux point de controverse surgit-il périodiquement.

 La zone « G » : zone très vascularisée très sensible, qui devient turgescente au moment de l'excitation. Cette zone ne peut pas se résumer à un « point », il s'agit plutôt d'un territoire.

Le plaisir vaginal naît au niveau de l'urètre comme chez l'homme, mais tout le vagin peut être excité et devenir une source de jouissance, bien qu'il ne possède pas une innervation aussi riche que celle du clitoris ou de la zone « G ». Le plaisir vaginal dépend de la façon dont la femme « habite » son organe vaginal et des représentations positives qu'elle en a construit.

La zone « G » est souvent mal stimulée pendant le rapport sexuel dans la position classique, dite « du missionnaire », où l'homme est allongé sur la femme. Découvrir sa propre zone « G » peut se faire facilement par une exploration manuelle. Confier cette exploration aux doigts de son amant peut aussi être une aventure délicieuse.

L'orgasme clitoridien

La stimulation du clitoris par la masturbation ou par le partenaire provoque, chez 6 femmes sur 10, un orgasme satisfaisant.

La stimulation de cette zone par frottement au cours du rapport sexuel ou par des caresses provoque une excitation qui se manifeste par la lubrification du vagin ; en langage courant, on dit que la femme « mouille », c'est l'équivalent de l'érection pour l'homme. Ce n'est pas un phénomène d'origine glandulaire pour l'essentiel, mais une sorte de sudation à travers la paroi du vagin, le liquide est d'ailleurs très proche dans sa composition du plasma sanguin.

Les sécrétions, comme celles des glandes de Bartholin, lubrifient surtout la vulve, l'entrée du vagin. Certains produits comme le tabac peuvent entraîner une sécheresse du vagin.

Question/Réponse

Vanessa, 28 ans : « *Je vis avec mon ami et nous nous aimons. Nous avons beaucoup de plaisir à faire l'amour et j'arrive facilement à l'orgasme quand il me caresse. Mais, je n'arrive pas à savoir où est mon point "G" et je voudrais savoir si c'est indispensable de le stimuler pour avoir des orgasmes profonds.* »

S'il existe dans la paroi intérieure du vagin, près de l'urètre, une zone très sensible, qui « gonfle » et devient turgescente au moment de l'excitation, elle ne peut pas se résumer à un « point G », mais plutôt à une zone. Le « G » correspond au nom de son « inventeur », le docteur Graffenberg. Le plaisir vaginal débuterait à partir de cette zone voisine de l'urètre, la plus richement vascularisée et innervée du vagin. Mais tout le vagin peut être excité, et donc érotisé et conduire à la jouissance, bien qu'il ne possède pas une innervation aussi riche que celle du clitoris ou de la zone en question. Le plaisir vaginal dépend de la façon dont la femme a réussi ou non à « habiter » son vagin et si elle a su y associer des représentations positives, disons ses émotions.

Le vagin est un organe vivant

Le vagin est un organe vivant qui s'exprime sous différentes formes. Ses parois sont tapissées d'une membrane qui ressemble à celle de l'intérieur de la bouche : l'épithélium vaginal. Cette muqueuse est toujours humide, mais cette humidité varie en fonction du cycle de la femme ou de son état d'excitation sexuelle.

Les sécrétions blanches

Les sécrétions blanches, qui peuvent devenir jaunâtres en séchant, sont l'expression des mécanismes de défense du vagin contre les infections. À l'état naturel, le vagin abrite de « bons germes », les bacilles de Doderlein, qui composent la flore vaginale habituelle et qui sont des « lactobacilles » (comme le yaourt...), ceci explique la coloration de ces sécrétions, composées à la fois de bacilles de Doderlein et de cellules mortes de l'épithélium vaginal. Ces sécrétions sont souvent plus importantes dans les jours qui précèdent les règles.

Les autres sécrétions vaginales

D'autres sécrétions vaginales sont visqueuses et transparentes :
- la glaire cervicale, produite par le col de l'utérus, est particulièrement abondante au moment de l'ovulation, elle protège les spermatozoïdes et favorise leur passage dans l'utérus. Cette glaire n'apparaît pas en cas de contraception hormonale ;
- la lubrification vaginale (mouillure) produite en cas d'excitation sexuelle. Il s'agit en ce cas d'une sorte de « transpiration » du vagin, elle est due à l'afflux de sang dans les organes génitaux.

Enfin, chez toute femme en bonne santé, ces sécrétions sont légèrement odorantes. Ces odeurs jouent le rôle de signal sexuel, même si notre civilisation nous offre des produits de substitution comme le parfum ! Le vagin se maintient parfaitement propre, et la toilette extérieure quotidienne au niveau de la vulve, avec un savon doux, est suffisante.

Le clitoris

Le clitoris se situe à la jonction supérieure des petites lèvres, plus ou moins masqué par son capuchon. Le clitoris est un bouton charnu plus ou moins développé en fonction de critères individuels ; sa taille peut varier de quelques millimètres à plusieurs centimètres (de 2 à 3 cm). C'est un peu comme le nez : il y a autant de tailles de clitoris qu'il y a de tailles de nez.

Il est constitué par la réunion externe de deux corps érectiles situés pour leur plus grande partie de part et d'autre de la vulve, sous les lèvres. Le clitoris est exclusivement constitué de corps caverneux mais sans l'albuginée, membrane extensible non élastique qui recouvre les corps caverneux masculins et assure leur rigidité chez l'homme, au moment de l'érection.

■ Quel est le rôle du clitoris ?

Au début de sa vie sexuelle, le clitoris suffit à apporter de l'excitation et du plaisir, son rôle est d'ailleurs bien connu. Pourtant, sans vouloir minimiser ce rôle, il est judicieux de revenir aux réalités biologiques.

> **Le primate humain, un animal social**
>
> Nos ancêtres étaient des primates donc des mammifères. Le primate humain est sexuellement actif en permanence, et sa sexualité a deux fonctions biologiques : relation interindividuelle et reproduction. Tandis que chez les animaux à œstrus (rut), la fonction de la sexualité est la reproduction. Le primate humain est biologiquement un animal social.

Le clitoris n'est pas un petit pénis, puisqu'il ne possède pas le tissu spongieux qui constitue le gland de l'homme, ni l'albuginée qui assure sa rigidité. Sa stimulation peut provoquer un plaisir intense tout à fait caractéristique de l'orgasme.

Bien qu'il soit de structure différente, le clitoris est souvent présenté comme le corollaire fonctionnel et pulsionnel du pénis. Cette interprétation des réalités biologiques pourrait renvoyer au grand refrain des adeptes de Freud à propos de « l'envie de pénis » qui caractérise la femme.

■ **L'accomplissement de la reproduction**

La stimulation du clitoris provoque un plaisir intense et permet la résolution des tensions secondaires des pulsions sexuelles. Mais sa fonction essentielle est de déclencher une bonne lubrification vaginale, facilitant la pénétration du pénis et ainsi de réaliser l'accomplissement de la reproduction : première fonction de la sexualité. Notre propos concerne seulement les réalités biologiques, car nous savons que la sexualité peut aussi et, surtout, devenir un contexte d'épanouissement personnel et relationnel.

Pour la majorité des femmes, il s'agit plus d'une pulsion vis-à-vis de la grossesse et de l'enfant ou encore un désir de séduction qu'un véritable désir de plaisir sexuel, et c'est plus à ce niveau que se situe la gratification de l'acte sexuel. Au-delà de cette envie d'enfant, la femme n'éprouve qu'un faible attrait pour une pénétration qui ne se justifie plus, du moins pour elle.

Anatomie sexuelle de l'homme

Le sexe de l'homme se compose de la verge et des bourses qui contiennent les deux testicules. La verge a deux usages : au repos, elle contribue à la miction et en érection aux rapports sexuels, que ceux-ci aient une finalité procréatrice ou bien ludique.

La verge et les bourses

Le mot latin « *pénis* » désigne aussi la verge, et, le langage familier, souvent très imagé, lui a donné de nombreux noms : queue, braquemard, quéquette, biroute, zizi et autres « noms d'oiseau » !

La verge est fixée aux os du pubis par l'intermédiaire des corps érectiles, en particulier par les deux corps caverneux. La verge est partiellement recouverte de poils qui deviennent plus denses au fur et à mesure que l'on se rapproche de sa racine ; cette pilosité, variable selon chacun, se prolonge au niveau des bourses et du pubis. La répartition des poils de ce dernier est particulière à l'homme : elle est triangulaire, pointe en haut.

Taille et volume de la verge

La taille et le volume de la verge se modifient lors des érections. Selon certaines données statistiques, au repos, la longueur varierait de 7,25 à 11,5 cm pour une circonférence de 7,5 à 10,5 cm alors qu'en érection, la longueur irait de 12 à 21 cm et la circonférence de 8,5 à 12 cm.

Pour un même individu, en bonne santé, la taille de la verge est toujours la même en érection, ce qui n'est pas le cas au repos, où toute situation de stress, qu'elle soit physique comme le froid ou psychique comme la peur, va en réduire la taille.

Il arrive souvent que des hommes jeunes consultent pour un sexe de « petite taille ». Ils ont acquis cette croyance, se comparant à leurs camarades dans les vestiaires ou dans les douches. Cette conviction provoque un stress qui va, de fait, en réduire la taille et le volume !

Forme et pigmentation

La forme et la pigmentation de la verge (coloration plus ou moins brune) varient selon chaque individu et sont la plupart du temps normales, exceptées lorsque ces modifications sont récentes. De manière naturelle, les Méditerranéens de race blanche ont une pigmentation plus foncée des organes génitaux. De plus, cette pigmentation n'est pas totalement homogène sur toutes les parties de la verge et du sexe en général.

Une courbure naturelle

La verge peut présenter une courbure qui est parfaitement normale lorsqu'elle reste harmonieuse et modérée. Cependant, certaines maladies ou malformations congénitales peuvent provoquer une courbure, ou plutôt une coudure plus importante, comme la maladie de La Peyronie, qui va entraver les rapports.

La verge est recouverte d'une peau relativement fine, parcourue par de nombreuses veines superficielles dont certaines sont bien visibles surtout en érection. Cette peau se prolonge vers l'extrémité de la verge, le gland, possédant une consistance différente du reste de la verge.

Le prépuce et le frein

Cette partie de peau qui recouvre le gland se nomme le prépuce. Le prépuce est retenu à la partie inférieure du gland par un filet : le frein.

Si le gland est généralement recouvert par le prépuce au repos, il l'est beaucoup moins, voire plus du tout en érection. Il existe parfois une brièveté du frein empêchant de décalotter complètement.

 Le phimosis : l'anneau réalisé par l'extrémité du prépuce, trop petit, empêche de décalotter en permanence ou en érection. Il faut, dans ce cas, réaliser une intervention bénigne afin d'enlever le prépuce, c'est la circoncision, ou de l'élargir.

La rupture du frein peut survenir lorsqu'il est trop court et que la partenaire est un peu trop serrée ou peu lubrifiée. Cette rupture est parfois partielle, ce qui va rendre les rapports sexuels douloureux du fait de micro-coupures du frein, ou complète et impressionnante car il existe au niveau du frein une petite artère (et non une veine) qui va se rompre. Le saignement peut sembler important. Ce n'est pas grave : il faut comprimer avec son doigt, passer sa verge sous l'eau froide pour provoquer une détumescence (perte d'érection) et aller voir son médecin.

La circoncision

La circoncision est encore pratiquée de manière rituelle par les juifs et les musulmans, et ce sans aucune justification médicale. Il s'agit d'une coutume fondée sur une tradition religieuse. Pendant longtemps, elle a aussi été pratiquée de manière systématique aux États-Unis et au Canada, pour des raisons d'hygiène, bien que celles-ci n'aient jamais été scientifiquement prouvées ! Cette pratique tend à disparaître.

■ Apprendre très tôt à décalotter son gland

Il est important que l'homme apprenne très tôt à décalotter son gland, afin d'éviter, d'une part, la constitution d'adhérences (la peau du prépuce se colle à la « peau » du gland) et, d'autre part, d'éliminer le smegma qui se développe naturellement au niveau de la couronne du gland dans le sillon balano-préputial. S'il n'est pas enlevé, il fermente et donne une odeur nauséabonde ; cela peut aussi devenir une source d'inflammation, voire d'infection.

L'extrémité du gland

L'extrémité du gland se termine par le méat urétral d'où s'écoule l'urine lors de la miction et d'où jaillit le sperme lors de l'éjaculation.

 Les « grains de Fordyce » : papules jaunâtres comme de petits grains de semoule de blé, visibles sous la peau de la verge et même des bourses. Ce sont de petits amas de sébum.

La couronne perlée du gland représente de petits boutons blancs, réguliers, gros comme des têtes d'épingle, situé autour de la couronne du gland. La couronne perlée du gland, physiologique, persistera toute la vie. Il ne faut pas chercher à l'enlever.

Anatomie interne de la verge

Les deux corps caverneux sont situés sur le dessus comme les canons juxtaposés d'un fusil. Chaque corps caverneux est entouré d'une membrane inextensible : l'albuginée qui sera responsable de la rigidité mécanique de la verge. L'intérieur des corps caverneux est constitué de travées de fibres musculaires lisses qui doivent se relâcher pour permettre l'érection par remplissage sanguin.

La noradrénaline, secrétée de manière excessive lors d'une situation de stress ou d'anxiété, empêche le relâchement des fibres musculaires lisses des corps caverneux et, par conséquent, l'érection.

Le corps spongieux entoure l'urètre et se termine par le gland. Celui-ci n'est jamais totalement rigide pour ne pas écraser l'urètre, ni empêcher l'éjaculation de se produire.

La verge est constituée de trois corps érectiles :
les deux corps caverneux et le corps spongieux.

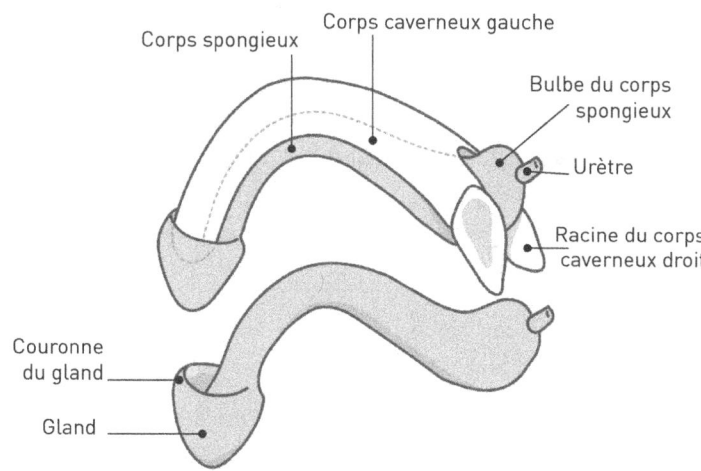

Les bourses

Les bourses, ou scrotum, représentent une sorte de sac libre et pendant contenant les testicules. Les deux bourses sont séparées par un petit bourrelet longitudinal – le raphé médian – qui se prolonge jusqu'à la marge de l'anus. En général, la bourse gauche et plus basse que la droite. Ce ne serait pas facile de marcher et encore moins de courir, si elles étaient situées au même niveau !

 La testostérone : hormone mâle indispensable à un bon fonctionnement sexuel.

Les testicules sont le lieu de fabrication des spermatozoïdes et de la testostérone. Chaque testicule est recouvert par les épididymes qui ont pour fonction essentielle la maturation des spermatozoïdes.

■ L'aspect extérieur à l'âge adulte

À l'âge adulte, les bourses sont recouvertes de poils et leur pigmentation brune est plus ou moins importante. Leur aspect varie en fonction :

- ▶ de l'âge : toniques et rondes chez l'enfant, elles deviennent de plus en plus flasques et distendues en vieillissant ;
- ▶ de la température : le froid les rétracte, les rendant plus plissées tandis que la chaleur les rend plus lisses et distendues ;

Un muscle situé sous la peau des bourses, le dartos, intervient dans ce mécanisme. Le stress peut le rétracter. Certaines pathologies peuvent le dilater : hernie, hydrocèle, varicocèle.

Physiologie du désir et du plaisir

Les pionniers américains de la sexologie William Masters, gynécologue, et Virginia Johnson, psychologue, ont commencé dès 1957 à étudier l'acte sexuel et les dysfonctions sexuelles.

Beaucoup de sexologues se réfèrent encore aux travaux de ces pionniers qui avaient le mérite d'être très simples à comprendre. Mais les réalités de la sexualité recèlent encore bien des secrets. Il faudra désormais en intégrer tous les aspects physiques et psychiques, pour rendre compte de sa complexité.

> **Le modèle de Masters et Johnson**
>
> Masters et Johnson ont défini un modèle descriptif des réactions sexuelles chez l'homme et la femme. En voici les étapes :
> - une phase d'excitation, le désir s'installe et s'intensifie ;
> - une phase dite « en plateau », le désir et l'excitation demeurent stables à un niveau élevé ;
> - une phase orgasmique accompagnée de contractions involontaires des muscles sexuels chez l'homme comme chez la femme ;
> - une phase réfractaire au cours de laquelle un autre rapport est impossible. Cette phase apparaît toujours chez l'homme. La femme ne connaît de phase réfractaire que pour les orgasmes clitoridiens.

Le cerveau : principal organe sexuel

Le cerveau est notre principal organe sexuel et ceci pour au moins deux raisons. L'expression de la sexualité humaine demeure sous l'influence de la culture à travers les interdits religieux, les coutumes ou les contraintes sociales, mais aussi de l'imagination avec les fantasmes et les désirs. Les facteurs culturels peuvent même l'emporter sur le biologique, ce qui explique que la sexualité puisse se poursuivre malgré le vieillissement.

Les avancées de la recherche en neurobiologie ont fait apparaître le rôle déterminant de certaines substances secrétées par l'organisme : les neurotransmetteurs. Parmi ceux qui jouent un rôle direct dans la sexualité, la noradrénaline et la dopamine sont les plus connus.

Le rôle de la noradrénaline

Le cerveau commande la sécrétion d'un neurotransmetteur, appelé « adrénaline » ou plutôt « noradrénaline » : cette substance permet de maintenir la vigilance ; c'est l'état naturel. En situation de stress, la quantité d'adrénaline s'élève et diminue lorsqu'on est détendu, relaxé. Elle augmente le débit sanguin par dilatation des artères vers des organes comme le cœur, le cerveau et les muscles. En revanche, elle diminue ce même débit vers les organes digestifs et sexuels.

> **Protéger l'organisme d'un danger**
>
> En cas de danger, toutes nos ressources sont mises au service de notre survie immédiate, l'adrénaline accompagne les comportements de fuite ou de combat.
> En situation de calme, de confiance, la sécrétion d'adrénaline diminue et le phénomène précédent s'inverse : par exemple, à la suite d'un bon repas, il est fréquent d'être un peu somnolent ; c'est dû à une augmentation de la circulation sanguine vers les organes digestifs et une diminution vers le cerveau.

■ Transformer la surface cutanée en une carapace virtuelle

Ainsi, lorsque nous sommes trop vigilants, stressés ou angoissés, nous nous transformons en « hérisson ». Le moindre contact cutané provoque un ressenti chatouilleux, désagréable ou bien n'est même pas perçu selon l'intensité de sa sécrétion.

Sur le plan sexuel, la femme a tendance à se fermer ; son désir ne peut pas s'exprimer dans de telles conditions et encore moins le plaisir. Cette attitude de fermeture empêche la lubrification vaginale et le rapport sera désagréable, voire douloureux.

Les problèmes surviennent quand la femme veut passer outre et qu'elle accepte d'avoir des rapports malgré tout. Il ne peut donc pas y avoir de plaisir dans ces conditions et, à terme, les problèmes sexuels vont s'aggraver à chaque rapport.

Chez l'homme, les choses semblent plus « simples » : il ne peut pas avoir une bonne érection ou d'érection du tout et, s'il a déjà une éjaculation prématurée, celle-ci aura tendance à s'aggraver.

Le rôle de la dopamine

Lorsque la détente physique et psychique (en fait, c'est un peu la même chose) est obtenue, les stimulations amoureuses, érotiques et sexuelles (excitation) autorisent la mise en marche de cette délicate « mécanique sexuelle ». La sécrétion par le cerveau d'un autre neurotransmetteur, la dopamine, va augmenter la circulation du sang dans les organes sexuels pour les rendre fonctionnels. L'érection se manifeste chez l'homme, la lubrification et l'« ouverture » chez la femme. L'acte sexuel peut débuter...

■ Favoriser l'excitation sexuelle

La dopamine est, entre autres fonctions, le neurotransmetteur de l'excitation sexuelle. Sécrétée par le cerveau, elle déclenche une chaîne de réactions, notamment la sécrétion du monoxyde d'azote (NO), le plus puissant vasodilatateur naturel du corps.

Chez l'homme, cela provoque des mécanismes complexes qui aboutissent à un relâchement des fibres musculaires lisses intra-caverneuses et donc permettent l'érection. En résumé et en simplifiant, pour que l'érection se fasse, il faut une diminution de l'adrénaline et une augmentation de la dopamine.

Chez la femme, la dopamine participe au maintien d'un état de détente indispensable pour faire l'amour. La montée du désir, comme le plaisir, nécessite un état de bien-être, de calme et de disponibilité. La dopamine facilite aussi la turgescence des parois vaginales proches de l'urètre, pendant la période de montée et de maintien de l'excitation.

Notre héritage naturel

Que nous lègue la nature ? Deux sexes complémentaires dont l'interpénétration permet la rencontre des gamètes : l'ovule féminin et le spermatozoïde masculin. Dans ce dessein, le sexe de l'homme, organe convexe, soumis à des pulsions sexuelles influencées par la testostérone, devient rigide ; c'est l'érection. Il peut alors pénétrer le sexe féminin, organe concave normalement préparé, ouvert, lubrifié par une bonne stimulation clitoridienne.

La pénétration réalisée, suivent quelques mouvements de va-et-vient, puis l'éjaculation se produit ; elle est naturellement rapide, efficacité oblige. L'éjaculation s'accompagne d'une sécrétion d'endorphines (morphine secrétée naturellement par le cerveau), récompense voluptueuse du devoir bien accompli.

L'organe clitoridien

L'organe clitoridien est, lui aussi, sous influence de la testostérone.

La femme, quant à elle, doit se satisfaire d'une excitation, voire d'une jouissance clitoridienne préliminaire, indispensable à une pénétration non douloureuse et au recueil d'un sperme nécessaire à son désir de maternité.

Le poids du passé

Par le passé, mais aussi dans certaines cultures, la normalité sexuelle n'est jamais synonyme de plaisir, de jouissance, surtout pour la femme. Au contraire, une femme qui prend du plaisir à l'acte sexuel est considérée, par certains milieux puritains, comme indécente, pécheresse... Pour des générations d'hommes et de femmes, la normalité sexuelle a pu se résumer ainsi.

La « normalité » sexuelle masculine

Ainsi nous est-il possible de définir la normalité sexuelle masculine comme étant une bonne érection, une éjaculation assez rapide et pour la femme une bonne ouverture et lubrification vaginale. Toute cette « belle mécanique » fonctionnelle aboutit en quelques minutes à une éjaculation intra-vaginale, préalable à la résolution de tensions et de pulsions agressives pour le mâle.

La « normalité » sexuelle féminine

Quant à la femme, soumise à son désir d'enfant, elle se sent honorée et surtout soulagée d'avoir été choisie pour recevoir le sperme fécondant. La survenue d'une grossesse lui apportera la reconnaissance de l'homme et du groupe.

Question/Réponse

Laure, 28 ans : « *Que se passe-t-il au niveau du corps quand on atteint l'orgasme ?* »

L'orgasme se caractérise par une montée du plaisir, une phase de paroxysme, voire d'extase, suivie d'une période de résolution, de détente. Cette expérience psychique se manifeste au niveau physique : imaginez une sphère qui occupe une partie de votre corps et dont le centre est votre sexe (la verge ou le clitoris). Pendant que vous faites l'amour, vous accumulez de l'énergie dans cette sphère et, au bout de quelque temps, les « parois » de la sphère seront si tendues qu'elles ne « résisteront » plus, ce sera l'explosion orgasmique.

Dans certaines cultures, les femmes stériles sont répudiées, condamnées à la misère. En revanche, celles qui donnent naissance à une nombreuse progéniture obtiennent la reconnaissance du groupe.

En France, le culte de la famille nombreuse a longtemps été à l'honneur et, certaines mères de famille, entourées de leur dizaine d'enfants, ont été décorées par le président de la République…

■ La représentation de la normalité a évolué

Aujourd'hui, les choses ont changé et la représentation de la normalité a également évolué. D'autres questions se posent, d'autres réponses s'élaborent. La sexologie actuelle résulte en partie de la libération de la femme : devenue décideuse de sa fécondité, ses attentes vis-à-vis de sa sexualité ont profondément influencé la société et la science.

Comment se manifeste l'orgasme

Chez l'homme, l'orgasme se manifeste par l'éjaculation, provoquée par des contractions réflexes de l'urètre et des muscles du périnée. Toutefois, l'éjaculation n'est pas pour autant synonyme d'orgasme, qui reste une expérience psychique. Il n'est pas utile d'éjaculer pour jouir. Certains hommes comme certaines femmes parviennent à maintenir leur plaisir pendant de longues minutes.

> Question/Réponse
>
> Sébastien, 22 ans : « *J'ai une amie depuis 2 ans. Elle me dit qu'elle éprouve beaucoup de plaisir quand on fait l'amour, mais comment savoir si elle atteint l'orgasme ?* »
>
> À moins de placer des électrodes au niveau de certaines parties de cerveau, on ne peut jamais être certain de l'orgasme de sa partenaire ; il s'agit d'une expérience subjective. Maintenant, certaines manifestations corporelles et attitudes de votre partenaire peuvent vous donner quelques indications sur sa satisfaction et son plaisir.

Chez la femme, l'orgasme se manifeste aussi par une suite de contractions involontaires des muscles du périnée. D'abord très puissantes, elles diminuent ensuite progressivement d'intensité. Parfois même, la femme « éjacule », sans pour autant que sa jouissance dépende de la quantité ou de l'absence de liquide sécrété par ses glandes situées autour de l'urètre. L'orgasme ne se limite pas à la sphère génitale, le corps entier peut être secoué de spasmes, de tremblements, de cris ou de larmes… Il existe, chez la femme, des orgasmes à point de départ clitoridien, les plus fréquents et les plus faciles à obtenir et des orgasmes à point de départ vaginal, plus complexes à obtenir.

Chapitre 2

La santé sexuelle

Dans un monde chiffré à l'extrême, beaucoup d'interrogations paraissent trouver une réponse dans les chiffres. De singulier, le problème devient commun à un plus grand nombre. Bien que ce partage ne résolve pas les difficultés, elles semblent moins lourdes.

En moyenne, les Français font l'amour deux fois par semaine. Si vous ne faites pas l'amour deux fois par semaine, vous commencez à douter de votre « normalité ».

Quand on en vient à se poser des questions sur sa normalité, on arrive à la certitude que, pour savoir à quoi s'en tenir, il faut appeler un expert. Pour les chiffres, on ne manque pas de spécialistes et, pour le corps, on cherche à s'informer et à se rassurer à la lumière de la science. C'est ainsi que, peu à peu, se sont imposées les notions de « santé sexuelle » et de « médecine sexuelle ».

Qu'est-ce que la santé sexuelle ?

Les pionniers de la sexologie moderne, Magnus Hirschfeld et Krafft Ebing (XIXe siècle) notamment, étaient issus de la psychiatrie et de la psychologie. L'étude des anomalies, des perversions et des déviances de la sexualité humaine les passionnait bien davantage que les mécanismes psychophysiologiques et les réalités biologiques. Plus tard, Sigmund Freud marchera dans leurs traces et fera de la sexualité un morceau de choix de son invention : la psychanalyse.

Les premiers à étudier la sexualité humaine avec une approche moins idéologique, plus expérimentale, seront les américains Masters et Johnson (*cf.* p. 24).

> **Une approche idéologique de la sexualité**
>
> Freud approche la sexualité avec la mentalité de son époque, un certain degré de haine à l'égard de la femme et de mépris cynique à l'égard de l'homme. Pourtant, aujourd'hui encore, beaucoup d'intellectuels considèrent qu'il a été à l'origine de mouvements de libération sexuelle.

L'homme et la femme ne peuvent pas se réduire à la description de leurs organes sexuels, ni à celle de l'influence des hormones sur leur comportement. Les neurosciences ont encore beaucoup de découvertes à révéler, quant à l'organisation cérébrale et le traitement des informations, mais la sexologie ne peut pas faire l'impasse sur les sciences humaines comme la psychologie, la sociologie ou la philosophie, ni sur l'influence des idéologies et des croyances religieuses, au risque de passer à côté des réalités sexuelles vécues.

Définir la sexologie

Qui que nous soyons, médecin, psychologue, sociologue, thérapeute, conseiller conjugal ou patient, la sexologie, par l'immense étendue de son domaine, désigne des notions et des expériences différentes, souvent contrastées. Au sens étymologique, la sexologie est un discours sur le sexe ! Le mot « sexe » reste ambigu, car il désigne autant l'organe que le genre.

 Domaine de la sexologie : ce qui a trait au sexe, à la sexualité, à l'identité sexuelle, du normal au pathologique.

Ainsi, pour être à la hauteur de cette définition, le sexologue devrait-il être à la fois médecin, psychologue, sociologue, philosophe, historien, un esprit universel !

■ La sexualité et la notion de santé sexuelle

La science s'étant vu attribuer la prise en charge des questions relatives au corps, tout naturellement, la sexualité est-elle tombée dans son domaine. C'est pourquoi on utilise fréquemment les notions de « santé sexuelle » comme de « médecine sexuelle ».

La notion de « santé » est indissociable de celles de « maladie », de « traitement », de « thérapie ». On applique désormais à la sexualité le même vocabulaire que celui des autres domaines d'expertise de la médecine. Les cadres de la « bonne santé sexuelle » et des « maladies sexuelles », même s'ils sont difficiles à préciser, sont désormais présents, d'autant que le thème de la sexualité occupe une place prépondérante sur le devant de la scène médiatique.

> **La sexualité humaine déshumanisée par la recherche**
>
> Ce qui était normal à certaines époques est devenu anormal. Puis un glissement sémantique a transformé l'« a » normal en pathologique. Qui dit pathologique, dit recherche de nouveaux médicaments. Si l'industrie pharmaceutique a permis de comprendre la « mécanique » sexuelle, elle a aussi déshumanisé la sexualité. Lors des congrès scientifiques, les communications abordent surtout les aspects vétérinaires de la sexualité, en sautant le gouffre entre les expériences menées en laboratoire et les connaissances applicables à l'homme. Ces représentations de la sexualité humaine ne couvrent qu'un champ très limité, mais jouent un rôle essentiel dans la compréhension globale de celle-ci.

S'il est facile de diagnostiquer une maladie sexuellement transmissible (MST), il est moins simple d'explorer les causes d'un trouble de l'érection. Comment définir un état de bonne santé sexuelle, si l'on ajoute les troubles du désir et du plaisir ? S'agit-il de problèmes organiques, physiologiques, psychologiques ou un subtil mélange de tout cela ?

Du normal au pathologique

L'éjaculation prématurée ou rapide est considérée dans la société occidentale comme un problème sexuel, voire une maladie, alors que, dans d'autres sociétés, elle est un signe de virilité et de puissance sexuelle. Certains laboratoires pharmaceutiques recherchent une molécule capable de ralentir sa survenue.

■ Où se situe la normalité sexuelle ?

Les déterminismes socioculturels, l'histoire personnelle, les valeurs, les critères et les croyances de chacun influencent ses représentations de la normalité sexuelle et modèlent ses choix et ses comportements. Les experts eux-mêmes ne sont pas exempts de ces influences. La plus grande subjectivité anime-t-elle la plupart des prises de position ?

La sexualité humaine est un système complexe qui met en œuvre la corticalité et surtout l'affectivité. Elle possède des fondations biologiques, anatomiques, physiologiques, qui restent à portée d'analyse pour la science médicale. Mais la sexualité humaine est profondément transformée par le psychisme, d'où la difficulté de distinguer le normal du pathologique.

■ En pratique

Il est assez simple de définir le pathologique dans le cadre médical et, après avoir identifié les causes du trouble, de mettre en œuvre un traitement efficace, notamment depuis l'apparition de nouvelles molécules comme les prostaglandines et surtout les IPDE5.

 Les IPDE5 : inhibiteurs de la phosphodièstérase de type 5, médicaments servant à faciliter ou à induire une érection.

Pendant des siècles, la santé sexuelle « normale » n'était pas du tout orientée vers le plaisir. La jouissance était associée au péché, seul l'aboutissement procréatif de l'acte sexuel était admis. Depuis que la femme peut choisir de gérer sa fécondité (dans la plupart des sociétés occidentales), les choses ont beaucoup changé. La sexologie médicale, fondée sur des bases scientifiques plurielles, a pris son essor dans ce mouvement de libération. C'est pourquoi elle a pour mission d'accueillir la plainte et la prendre en charge, quelles que soient les motivations du patient : problèmes organiques ou difficultés psychologiques.

Le rôle de la sexologie

Le vaste domaine de la sexologie explique le nombre considérable « d'experts ». Il ne faut donc pas s'étonner de la multitude de « thérapies », « sexothérapies », voire « psychosexothérapies » qui n'ont d'efficace que la foi qu'elles inspirent. Toutes ces démarches dont la valeur scientifique reste à démontrer, peuvent s'avérer efficaces ou inefficaces, selon à qui elles s'adressent.

> **Sexologie et sexothérapie**
> Si la sexologie permet d'identifier les troubles sexuels les plus fréquents, de mettre en œuvre des moyens thérapeutiques, la sexothérapie tente de résoudre ces mêmes troubles, en utilisant des outils thérapeutiques et psychothérapeutiques.

En fait, ces pratiques utilisent la croyance du patient et celle du thérapeute pour assurer leur pouvoir. Face à des problèmes complexes, on aime à se donner l'illusion qu'il pourrait exister des solutions radicales. Les troubles sexuels représentent un modèle remarquable de l'influence de la psyché sur le soma ; même dans les troubles organiques, il existe une part de psychique.

■ Un fonctionnement sexuel satisfaisant

La sexologie a aussi pour objet de préciser les conditions d'un bon fonctionnement sexuel sur le plan biologique, éthologique : la survie de l'espèce est en jeu ! Ces critères, suffisants pour le fonctionnement procréatif, ne garantissent ni d'accéder au plaisir, ni d'éprouver du désir.

Il faut des organes sexuels dont la forme anatomique se situe dans la norme anatomique et dont la fonctionnalité, c'est-à-dire la physiologie, est en conformité avec ce qui est défini scientifiquement comme normal. Il faut aussi un système vasculo-nerveux alimentant efficacement en éléments nutritifs et informatifs les organes en question et, enfin, un système de commande médullaire, neuroendocrinien et surtout cérébral en bon état.

L'érection matinale ou nocturne : survient au cours d'une phase de sommeil paradoxal et correspond à la levée d'inhibition qui l'accompagne.

Cette érection est peu ou pas influencée par la corticalité. Ainsi, lors d'une consultation pour trouble de l'érection, ou dysérection, la présence d'érections rigides matinales ou nocturnes permet-elle d'éliminer une cause organique.

Les différents niveaux de la sexualité

Le sens de l'acte sexuel n'est pas le même pour tous, les comportements, les attentes et les frustrations reflètent directement cette signification subjective de la sexualité. L'observation de milliers de patients a permis de mettre en évidence différents niveaux de la sexualité, lesquels varient en fonction de l'âge, des réalités biologiques et des déterminismes particuliers.

Lorsque chaque acteur de la relation sexuelle se situe sur le même niveau, tout va bien, mais s'il y a un décalage, différents dysfonctionnements apparaissent : les attentes demeurent insatisfaites, le poids du non-dit s'alourdit, la frustration s'installe.

On distingue schématiquement deux, voire trois niveaux de la sexualité : le niveau pulsionnel, le niveau compulsif et le niveau relationnel, le pulsionnel et le compulsif étant souvent associés.

Les niveaux pulsionnel et compulsif

Le niveau pulsionnel de la sexualité est le comportement sexuel de base qui pousse l'être humain à se reproduire. On le nomme aussi « instinct sexuel ». Il dépend essentiellement du climat hormonal. Le niveau compulsif, quant à lui, concerne tous les comportements de recherche de plaisir sexuel.

Nous groupons ces deux niveaux car ils sont indissociables. C'est donc au niveau pulsionnel/compulsif que s'exprime la sexualité débutante, autocentrée et masturbatoire.

> **La pulsion sexuelle chez l'adolescent**
>
> La pulsion sexuelle s'exprime chez les adolescents et les jeunes adultes en pleine possession de leur potentiel reproducteur. Elle affecte davantage les hommes que les femmes. La survie de l'espèce forme la toile de fond de cette pulsion. Soumis à cette quête, le jeune fait l'expérience de sa sexualité, découvre son corps, le plaisir qui lui permet de résoudre la tension. Cette sexualité autocentrée évolue vers une recherche active de partenaires, mais le niveau pulsionnel/compulsif demeure et peut s'installer durablement comme modèle de la sexualité.

Le niveau pulsionnel/compulsif de la sexualité, quand il se joue à deux, utilise le corps de l'autre pour se donner du plaisir. Ce n'est ni plus ni moins une sorte d'évolution de la masturbation. La réussite subjective de l'acte sexuel dépend d'une sorte de contrat tacite. L'un doit accepter que l'autre l'utilise à ses propres fins de jouissance, même si le plaisir n'est pas au rendez-vous...

■ Les pratiques sexuelles

Les pratiques sexuelles qui relèvent du niveau pulsionnel/compulsif ne brillent ni par l'imagination, ni par la recherche d'un plaisir raffiné. Elles se situent dans la logique du besoin et non du désir, elles correspondent à une quête de survie au même titre que satisfaire la faim, la soif ou le sommeil.

Après 25 ans environ, la compulsion diminue et, dans le meilleur des cas, fait place à une sexualité mieux maîtrisée, plus hédoniste et surtout plus relationnelle. Comme ce passage exige un travail de réflexion sur soi et sur le sens de la relation, beaucoup évitent cette « prise de tête » jusqu'à leurs premières pannes sexuelles.

■ Privilégier le désir par rapport à la pulsion

Le niveau pulsionnel/compulsif de la sexualité, facile à décrire, à stimuler et à satisfaire, tend à évoluer vers un mode de fonctionnement plus élaboré, plus cérébral, qui privilégie le désir par rapport à la pulsion.

C'est ce niveau que sollicite la pornographie par un discours qui réduit l'homme à la mécanique de son sexe.

> **Pallier le manque de désir féminin**
>
> L'industrie pharmaceutique s'applique à inventer des molécules dont l'efficacité et l'utilité thérapeutiques sont indéniables, mais dont l'usage peut être vite détourné pour atteindre une plus grande performance. La recherche envisage actuellement un traitement à base d'hormones mâles chez la femme en manque de désir.

Des champs de connaissances et de recherche, comme la médecine ou la biologie, n'échappent pas à la confusion des genres, notamment dans les démarches qui consistent à croire en la toute-puissance du médicament.

La norme sociale et la norme sexuelle sont la performance, et le dysfonctionnement est banni.

Le niveau relationnel

La sexualité se joue aussi au niveau relationnel, l'acte sexuel prend alors un sens tout différent, il ne s'agit plus de résoudre une tension ou de satisfaire une pulsion, mais bien de communiquer, d'échanger et de partager. D'autocentrée, la sexualité évolue vers des pratiques de don et de partage. On obtient alors plus de plaisir à en donner qu'à en prendre, le bonheur de l'autre devient la plus forte récompense et la référence pour la « réussite » de l'acte sexuel.

Les hommes évoluent vers le niveau relationnel de la sexualité, mais les attentes des femmes sont souvent plus importantes, voire exclusives à ce niveau, ce qui a été souvent mal compris et mal interprété.

Le désir de la femme s'exprime différemment de celui de l'homme, ses attentes sont différentes. Croire que les femmes ne sont pas intéressées par le sexe est faux, bien au contraire, mais leur intérêt s'exprime peu sur le mode pulsionnel et compulsif. Le désir de relation influence leurs choix et leurs comportements, l'envie de se masturber passe au second plan, fut-ce en utilisant le corps de l'autre.

■ Le plaisir et l'extase

Le niveau relationnel de la sexualité est celui où le plaisir peut devenir une véritable extase, car toute la personne y participe. L'acte sexuel, ce n'est plus seulement une agréable et divertissante activité, mais un intense partage de sensations et d'émotions.

> **Le Kâma Sûtra**
>
> Les traditions de l'Inde soulignent les dimensions spirituelles de l'acte sexuel. Les partenaires communiquent entre eux et ce partage privilégié d'expériences devient un moyen d'entrer en contact avec des entités transcendantales. Le texte de référence est le Kâma Sûtra, qu'il faut se garder d'interpréter au premier degré, en n'y voyant qu'une gymnastique sexuelle. Les pratiques sont très codifiées, à la manière des postures du yoga, mais les pratiquants ont le choix de les exécuter à leur guise.

Cette représentation relationnelle de la sexualité existe aussi dans d'autres traditions orientales, notamment le taoïsme[1]. L'acte sexuel prend une dimension philosophique et s'inscrit dans l'harmonie du cosmos. En faisant l'amour et en accédant à l'extase, les partenaires se connectent à une sorte d'énergie vitale. Chacun joue un rôle équivalent : pour que la « magie » opère, il faut s'élever au-dessus des pulsions. Les expressions « petite mort » ou « septième ciel » participent de ce niveau, car l'extase génère une « perte de conscience » ou un passage dans une autre dimension de l'expérience.

Niveaux de la sexualité et déterminismes

Si chaque être humain présente un sexe biologique, féminin ou masculin, c'est au cours de son développement qu'il acquiert une identité sexuelle. Les interactions avec son environnement social et psychoaffectif constituent de puissants déterminismes qui jouent un rôle majeur dans la construction des représentations. Conditions masculine et féminine s'expriment par des rôles sociaux, des prérogatives et des interdits.

1. Jolan Chang, *Le Tao de l'Art d'aimer*, Calmann-Lévy, 1977.

> **Monothéisme et oppression de la femme**
>
> Beaucoup de sociétés inégalitaires ont marqué et séparé les rôles dévolus à chaque sexe, en donnant la première place à l'homme et en organisant la vie des femmes de manière à les priver d'initiatives, de liberté, de pensée.
> Le philosophe Michel Onfray explique que les grands monothéismes[1] sont des systèmes d'oppression très performants à l'encontre des femmes, de la sexualité heureuse et de la liberté.

Les déterminismes sociaux influencent la représentation de la sexualité, délimitent le permis de l'interdit et entourent les membres de la communauté humaine d'un réseau inextricable de croyances, de certitudes, de traditions et d'obligations. Le sexe représente un inépuisable champ d'expérience, c'est la dimension humaine la plus soumise à la pensée ce qui n'échappe pas aux censeurs déterminés à encadrer de près l'accès sexuel au plaisir des sens et au bonheur de l'amour.

Les choix masculins

L'homme ne possède qu'un organe sexuel, son pénis, qui peut lui permettre d'atteindre l'orgasme, tandis que la femme peut accéder à la jouissance avec son clitoris et son vagin.

L'orgasme clitoridien correspond à l'orgasme de l'homme, violent, rapide, libérateur, inscrit dans la logique du niveau pulsionnel et compulsif de la sexualité. Le sexe de l'homme, visible et accessible, facilite la découverte et l'expérience de la masturbation. Le plaisir de l'éjaculation qui déclenche une sécrétion d'endorphines et apaise les tensions devient une expérience de référence pour l'acte sexuel.

Ceci explique que l'homme continue, souvent très longtemps, à utiliser l'acte sexuel comme une masturbation améliorée. Une jouissance rapide et anxiolytique semble l'aboutissement logique de la manœuvre. Mais, dans ces conditions, il ne contrôle pas son excitation, ce qui déclenche l'éjaculation dès que le seuil d'inévitabilité est franchi.

---

1. Michel Onfray, *Traité d'athéologie*, Grasset, 2005.

L'homme qui situe sa sexualité au niveau pulsionnel/compulsif passe à côté des attentes relationnelles de sa partenaire ; souvent, il les déçoit et la gratification de l'acte sexuel diminue d'autant.

> **L'addiction**
>
> C'est au niveau pulsionnel/compulsif que peut s'installer une addiction. L'homme devient dépendant de sa « dose » d'endorphines et se la procure par la masturbation ou par des assauts répétés, que la partenaire ressent parfois comme des « viols ». Il convient de dédramatiser la situation, de comprendre que le problème n'est pas de l'ordre d'un « dérèglement » sexuel, mais davantage d'une anxiété difficile à gérer.

Certains hommes restent ancrés à ce stade pulsionnel/compulsif de leur sexualité, incapables de se représenter les choses autrement. S'ils vivent en couple, la situation devient souvent inacceptable. L'homme est frustré par les réticences de sa partenaire, elle-même frustrée de se sentir traitée en « objet », convoitée comme jouet sexuel.

De la même façon que la gastronomie ne sert pas à calmer la faim, mais à jouir des plaisirs de la table, l'érotisme n'est d'aucune utilité pour la reproduction. Le niveau relationnel de sa sexualité exige de détourner la nature ; dans cette optique de plaisir, l'homme va apprendre à contrôler son excitation afin de maintenir son érection autant qu'il le désire pour que l'acte sexuel prenne tout son sens relationnel d'échange et de partage de sensualité.

Les choix féminins

La femme peut, par nature, jouer sur les deux niveaux de sa sexualité. Le clitoris permet de déclencher des orgasmes puissants et satisfaisants. Le niveau de fonctionnement pulsionnel/compulsif correspond à la jouissance clitoridienne, mais la femme peut aller plus loin dans le plaisir et atteindre l'extase par l'orgasme vaginal.

Cette jouissance n'est pas une simple affaire mécanique, cela ne procède pas d'une masturbation améliorée, mais exige un important investissement mental, inscrit au niveau relationnel de la sexualité.

Les attentes féminines

Sur le plan statistique et en moyenne :
- 40 % des femmes n'ont aucun orgasme, ni clitoridien ni vaginal ;
- 60 % des femmes ont un orgasme clitoridien ;
- 40 % des femmes ont un orgasme clitoridien et vaginal.

Beaucoup de femmes n'ont aucune expérience du plaisir ; leur savoir, quand il existe, est souvent théorique et non vécu. Dans beaucoup de sociétés, ou de catégories sociales, on ne parle jamais de sexualité, les femmes sont tenues à l'écart de toute information utile, les censeurs ayant décidé au nom de critères idéologiques ou religieux que c'était nuisible.

> **Ève, à l'origine de bien des maux**
>
> Dans la mythologie chrétienne, Ève a croqué le fruit de l'arbre de la connaissance. Cette conquête lui permettait de se soustraire au contrôle du créateur, ce qui a déclenché une terrible vengeance ! Aux yeux des pouvoirs, l'ignorance équivaut à l'innocence… Cela permet de comprendre l'importance démesurée que certaines traditions accordent à la virginité des jeunes filles.

Si la femme est parvenue à découvrir le plaisir clitoridien, elle ne le confond pas avec ce qu'elle attend de son partenaire. L'acte sexuel a valeur de don dans la plupart des représentations féminines. L'attente de plaisir n'est donc pas le but réel, même si l'absence de plaisir est une plainte fréquente. Le plaisir est la conséquence d'une sexualité exprimée au niveau relationnel : c'est la « cerise » sur le gâteau !

■ L'acte sexuel, ou l'expression d'une émotion amoureuse

S'exprimant au niveau relationnel de la sexualité, la femme a surtout un intense besoin de se sentir aimée, et pas seulement désirée. L'acte sexuel, si elle y consent, n'a de sens que pour exprimer une émotion amoureuse. Quand le partenaire centre ses préoccupations sur de l'efficacité mécanique, on comprend la frustration de la femme. Elle a le sentiment d'être seule, de ne pas faire partie du voyage face à un partenaire en train de se masturber avec son corps, réalisant un simulacre qu'il imagine sexuellement « correct ».

Une femme qui s'épanouit sexuellement a le choix : elle peut jouer sur les deux niveaux, mais plus ses attentes relationnelles seront comblées, plus elle pourra s'investir dans le jeu érotique.

Désir, passion, affection

Dire « je t'aime », reconnaître qu'on aime, se savoir aimé, recouvrent des sens différents qui se complètent. Qualité de la relation, durée de celle-ci, attentes mutuelles personnalisent le sens du mot « aimer ».

■ L'amour

Le sens attribué au mot « aimer » prend ses origines dans les modèles éducatifs et socioculturels. Ainsi, l'on s'autorise ou l'on s'interdit d'exprimer son sentiment et l'on limite les manifestations. L'amour ne se dit ni ne s'exprime de la même façon selon le sexe, la culture, l'âge de la relation, celui des partenaires et surtout le niveau de la sexualité.

Exercice

Comment savez-vous qu'on vous aime ? Comment voulez-vous qu'on vous aime ? Comment lui montrez-vous que vous l'aimez ?

Les réponses à ces questions révèlent les ingrédients de l'amour: désir, passion et affection ; les trois contextes dans lesquels il s'exprime. Le désir concerne le sexe, la passion le cœur et l'affection, la tête…

On dit que l'on aime, mais on ne distingue pas nécessairement entre l'amour passionnel, le désir ou l'affection. Ces trois ingrédients de l'amour coexistent chez la même personne, mais pas dans les mêmes proportions, ni simultanément… Les choses se compliquent d'autant si les partenaires de la relation ne vivent pas la passion, le désir et l'affection de manière parfaitement synchronisée, même s'ils affirment sincèrement qu'ils s'aiment.

Les femmes ont tendance à se montrer plus altruistes que les hommes, plus autonomes quant à eux. Elles mélangent davantage les contextes de l'amour, car elles ont l'habitude de jouer plusieurs rôles : épouse, mère. En parlant de l'amour, elles évoquent plus volontiers une expérience globale et tendent à vouloir installer une relation dans laquelle tous les ingrédients sont mêlés. Le niveau relationnel de la sexualité anime alors tous les ingrédients de l'amour.

Les hommes, plus souvent d'un naturel conquérant et chasseur, laissent le désir piloter leurs choix. Ils mettent en œuvre des stratégies d'approche, de séduction pour parvenir à leurs fins. La femme est « l'objet du désir », et le désir est synonyme d'élan vital. Quand le moral est en baisse et que la déprime s'installe, la vigueur du désir sexuel en est la première victime.

Ces traits ne s'appliquent pas à toutes les femmes ni à tous les hommes, d'autant que la tendance à la bisexualité[1] bouleverse les rôles habituellement dévolus à l'un et l'autre sexe.

Exercice

Comment aimez-vous votre partenaire ?

Imaginez un cercle et divisez-le en 3 zones, à la manière de ces « camemberts statistiques » : 1 zone pour le désir, 1 pour la passion et 1 autre pour l'affection. Quelle est la zone la plus importante ? Comparez vos résultats si vous faites le test en couple. Toutes les combinaisons sont possibles, quand le couple est parfaitement synchronisé, tout va pour le mieux, le moindre décalage qui fait dire « tu ne m'aimes pas », illustre un changement dans la répartition du désir de la passion et de l'affection.

■ La passion

La passion rassemble les hommes comme les femmes dans une sorte de délire, où la réalité habituelle cède le pas à une autre dimension qu'ils ont construite, habitent et peuplent de leurs rêves ou de leurs cauchemars amoureux.

---

1. Claude Aron, *La Bisexualité et l'Ordre de la Nature*, Odile Jacob, 1996.

Vivre une passion partagée conduit plus ou moins à un enfermement rarement durable, à moins de se préserver des routines du quotidien. La promiscuité et l'intimité tuent la passion, en portant atteinte à l'image idéalisée et qu'on essaie de faire coller au réel.

■ L'affection

L'affection sincèrement partagée est un gage de fiabilité relationnelle, car elle s'installe dans la durée et s'accompagne d'autres attitudes positives, comme la tolérance et la disponibilité. L'affection installe la relation dans un climat de confiance et permet de surmonter les épreuves. Le quotidien n'a pas de prise sur elle : les gens qui s'aiment de la sorte se voient et s'apprécient tels qu'ils sont.

■ Le désir

Le désir est la pièce maîtresse de l'amour. La relation amoureuse débute par le désir, même s'il se dissimule sous des voiles romantiques. On ne décide pas qu'on aime, on « tombe » amoureux. Le désir, c'est le trouble perturbateur qu'inspire Aphrodite, qui abolit les différences et sème le désordre. Le désir peut être à l'origine de la passion. Il est souvent symbolisé par le feu, qui détruit en même temps qu'il anime et demande sans arrêt du combustible pour continuer de briller et de réchauffer...

Partie 2
Psychologie du désir

Chapitre 3

Nos références inconscientes

Savoirs antiques, mythes, médias, croyances, idéaux, la sexualité humaine subit l'influence du milieu socioculturel. Ce chapitre présente quelques pistes pour comprendre d'où viennent nos représentations mentales à propos du désir, pourquoi nous sommes attirés par un style de relation, quel est notre modèle de référence pour le couple...

Les hommes ont toujours eu recours aux mythes, une forme de pensée magique, dont dieux et héros sont les acteurs. Les humains donnent sens au monde, et à leurs comportements en invoquant des influences divines.

Les mythes les plus connus concernent la création du monde et celle de l'homme. Ils s'articulent autour de métaphores sexuelles comme celle de l'union du ciel et de la terre, dans la mythologie grecque qui donne naissance à une foule de créatures qui, à leur tour, engendrent des divinités, des calamités et autres symboles. Aphrodite, déesse de l'amour, naît d'une fusion entre l'écume de la mer et les organes sexuels d'Ouranos (dieu du ciel), que Cronos (dieu du temps) vient de jeter à la mer après les avoir tranchés...

Le mythe de l'androgyne

Pourquoi hommes et femmes cherchent-ils irrésistiblement à se rencontrer et à s'unir ? La science apporte des réponses à cette question, en s'appuyant sur les déterminismes biologiques, psychologiques, sociologiques, mais il existe aussi des savoirs qui appartiennent à d'autres registres : les mythes. S'ils ne sont plus opérants dans notre société, ils n'ont pourtant pas perdu toute leur valeur symbolique et bien des indices traduisent la pérennité de leur influence.

Le cadre platonicien

Le mythe de l'androgyne conserve une grande puissance évocatrice ; en voici la version la plus connue, tirée du dialogue de Platon (450 environ av. J.-C.), *Le Banquet*, sur le thème de l'amour. Il nous explique que Socrate, son maître à penser avait réuni autour de lui ceux de ses amis et disciples qui préféraient le débat d'idées aux charmes érotiques des joueuses de flûtes, reines de la « troisième mi-temps » des banquets antiques.

Le philosophe leur propose de s'exprimer sur un thème universel : l'amour... Chacun doit donner son avis, puis le maître révélera les contradictions et les failles avant de reformuler la problématique. Aristophane, quand vient son tour de s'exprimer, commence par vanter la puissance infinie d'Éros :

> « Il me semble que les hommes ont tout à fait ignoré la puissance d'Éros ; s'ils la connaissaient, ils lui construiraient des temples grandioses et des autels, lui feraient des sacrifices somptueux ; pour le moment, rien de tel en son honneur, alors qu'il le faudrait par-dessus tout. Il est, de tous les dieux, le plus philanthrope, le protecteur des humains. Médecin de maux qui, s'ils étaient guéris, le plus parfait bonheur en résulterait pour la race des hommes. »

L'explication antique s'appuie sur la « nature » originelle de l'homme. Puis Aristophane d'expliquer l'origine de l'omnipotence de l'amour en revenant sur la nature originelle de l'homme.

L'homme défie les dieux qui le punissent

Le conteur poursuit son récit et explique comment se caractérise la « nature » androgyne des humains. Trois genres existaient, masculin, féminin, et un troisième composé des deux autres. Ces créatures avaient un corps sphérique et possédaient tout en double, sauf la tête...

■ L'orgueil humain agace les dieux

La triple « nature » de ces étranges créatures leur donnait une telle force qu'elles eurent bientôt l'audace de défier les dieux de l'Olympe. Ces derniers, fort susceptibles, le prirent très mal, mais hésitaient quant au châtiment. Les tuer était embarrassant car, mis à part leur orgueil démesuré, elles honoraient les dieux, leur construisaient des temples, chantaient leurs louanges…

C'est alors que Zeus se fâcha et trancha le « problème » en deux pour réduire au moins de moitié leur orgueil… Il fallut encore quelques bricolages divins pour voir les humains prendre leur forme définitive. Ces moitiés n'étaient pas réussies, elles s'accrochaient désespérément les unes aux autres et, séparées, se laissaient dépérir, menaçant ainsi leur survie.

■ L'homme est condamné à chercher sa moitié pour s'unir

Zeus décida alors de déplacer leur sexe, afin qu'ils puissent s'accoupler, au lieu de se reproduire en ensemençant la terre comme les cigales qui y déposent des œufs…

Désormais, pour s'unir, la créature munie d'un pénis devrait se fondre avec celle munie d'un vagin, cette fusion les porterait à l'extase pour leur rappeler leur nature initiale… Alors, si l'union se trouvait avoir lieu entre l'homme et la femme, des enfants en étaient le fruit, et si le mâle venait à s'unir au mâle, la satiété les séparait bientôt et les renvoyait à leurs travaux et aux autres soins de la vie. De là vient l'amour que nous avons naturellement les uns pour les autres : il nous ramène à notre nature primitive, il fait tout pour réunir les deux moitiés et pour nous rétablir dans notre ancienne perfection.

■ La toute-puissance reste réservée aux dieux

Le mythe apporte des réponses aux questions existentielles des humains et les met en garde contre la puissance des dieux. La « nature » de l'homme se voit imposer des limites. Les hommes et les femmes, depuis lors, sont en quête de leur alter ego et doivent gérer l'androgyne qui sommeille en eux, pour faire le meilleur usage de leurs talents féminins comme masculins.

Comprendre le mythe, décoder les symboles

On ne saurait faire l'économie d'une brève réflexion sur la forme de cette idéale créature mythologique que représente l'androgyne.

La symbolique de la rondeur

La forme sphérique est un symbole de perfection dans la philosophie antique, elle représente la plénitude, la sécurité et l'harmonie. Zeus en séparant les androgynes crée les sexes[1] et rompt l'harmonie initiale...

La symbolique de la rondeur demeure inchangée, le ventre rond dans lequel flotte le fœtus représente souvent l'idée d'un paradis qui sera perdu à la naissance. Que penser de certaines approches de développement personnel érigeant cette prétendue béatitude foetale en un idéal du bonheur ?

Le mythe de l'androgyne, ou la bisexualité

Le mythe de l'androgyne a longtemps figuré en toile de fond des habitudes, en matière de morale et de sexualité. En effet, si on a trouvé sa « moitié », pourquoi aller en chercher une autre ? La moitié en question ne saurait être du même sexe, donc pourquoi désirer l'un de ses représentants ?

C'est que l'on peut se tromper et croire que l'on a trouvé ce que l'on cherche, avant de s'apercevoir que ce choix n'est pas satisfaisant. Dans la suite de son discours, Aristophane explique sans sourciller que ce mythe demeure valide, même quand on a affaire à des gens volages.

Dépasser le mythe

Pourtant, le mythe, s'il répond avec élégance à des interrogations par l'intermédiaire de symboles et de métaphores, ne doit pas entraver la curiosité ni la recherche. On peut, à juste titre, douter d'une philosophie qui ne se fonde ni sur la logique d'arguments solides, ni sur des faits vérifiables pour poser ses hypothèses de travail.

---

1. Le mot « sexe » vient du latin « secare » qui signifie couper.

La philosophie platonicienne, toujours à l'œuvre dans la morale « catholaïque » en cours, fait un usage abondant des mythes, tout comme les religions dans leur ensemble. Un point de vue réaliste et pragmatique ne saura s'accommoder de telles preuves pour guider ses choix.

■ Assumer son identité masculine ou féminine

Le mythe de l'androgyne renvoie enfin à la question du genre. Lorsque la femme a acquis la maîtrise de sa fécondité dans les années 1970, de profonds bouleversements sociaux et culturels se sont mis en œuvre et n'ont pas fini de faire des vagues. L'identité masculine a été déstabilisée comme l'ont montré les travaux de nombreux chercheurs[1], philosophes et historiens.

> **La bisexualité de la « nature » humaine**
>
> Le mythe de l'androgyne évoque la bisexualité de la « nature » humaine : en chaque être humain coexistent des aspects masculins et féminins qu'il faut apprendre à identifier, à assumer et surtout à intégrer. Cette fable permet de justifier l'irrésistible attrait de la fusion à l'autre. Se fondre à l'autre, c'est se retrouver soi-même !

Aujourd'hui, la fine fleur intellectuelle d'outre-Atlantique travaille sur la notion de genre[2], ce n'est pas si simple d'assumer son identité masculine ou féminine. La sexologie doit aussi faire face à cette nouvelle donne ; la place qu'elle occupe doit tout à cette évolution des mœurs.

---

1. Élisabeth Badinter, *XY De l'identité masculine*, Odile Jacob, 1986. André Rauch, *L'identité masculine à l'ombre des femmes*, Hachette Littérature, 2004.
2. Judith Butler, *Défaire le genre*, Amsterdam, 2006 ; *Trouble dans le genre*, La Découverte, 2005. Philosophe, elle enseigne la rhétorique à Berkeley, Université de Californie. Elle se définit comme féministe et surtout chef de file des études sur le genre, nouvelle discipline au carrefour de l'anthropologie, de la sociologie et de la philosophie.

Les représentations mentales

Lorsque nous entrons en contact avec ce qui nous entoure, ce sont d'abord nos perceptions sensorielles qui nous apportent des informations. Ces informations sont ensuite organisées pour donner du sens à la situation. Par exemple, quand on rencontre quelqu'un pour la première fois, on compare inconsciemment les informations recueillies avec d'autres, plus anciennes, dont on se souvient. C'est l'une des raisons pour lesquelles certaines personnes ne peuvent pas s'empêcher de parler de leur propre expérience, de comparer avec ce qu'on leur dit, même si cela n'a aucun rapport et n'est d'aucune utilité à leur interlocuteur.

Ainsi, nous construisons tout au long de notre vie des représentations qui s'appliquent à tout ce que nous vivons et s'organisent en une sorte de théâtre mental[1], à l'intérieur duquel nous jouons des rôles que nous avons appris à mettre en scène.

 Le genre masculin ou féminin : construction culturelle, rôle psychosocial, que chaque être humain apprend à jouer dès sa venue au monde.

Ces rôles sont élaborés à partir de références, plus ou moins conscientes, qui peuvent venir de très loin, comme les mythes utilisés dans les traditions et les religions, ou de plus près, comme les modèles en vogue dans une société.

Une représentation de soi

Quand nous communiquons avec notre entourage, nous cherchons à donner une certaine image de nous-mêmes. Ainsi, certains parents veulent-ils paraître « parfaits » aux yeux de leurs enfants, certaines femmes veulent-elles être irréprochables et beaucoup d'hommes demeurent-ils obsédés par les performances professionnelles, sociales et, surtout, sexuelles.

---

1. Catherine Cudicio, *Déchiffrer nos comportements*, Eyrolles, 2005.

L'image que nous voulons donner de nous-mêmes subit l'influence de nombreux facteurs véhiculés par les médias. Plus ou moins consciemment, on s'identifie à une vedette ou à un personnage à la mode ou encore à ces êtres virtuels des messages publicitaires qui viennent hanter notre imaginaire. La sexualité tient un rôle prépondérant dans ces représentations.

■ Les enquêtes sur la sexualité

Les enquêtes sur la sexualité reflètent d'abord le souci des participants de bien répondre, autrement dit, leurs réponses sont élaborées en fonction de ce qu'ils pensent qu'on attend d'eux. Ceci explique le décalage observé entre l'importance accordée à la sexualité dans le bonheur et la réalité vécue...

> **Les Françaises et leur sexualité**
> - 80 % estiment qu'une sexualité épanouie est importante pour leur bonheur.
> - 11 % n'accordent aucune importance à la sexualité.
> - 9 % sont indécises.
> - plus de 40 % affirment pouvoir vivre avec leur partenaire sans avoir de rapport sexuel.
> - 40 % acceptaient des rapports sexuels, même si elles n'en avaient pas envie, en 2005, contre 75 % en 1980.

Or, si la sexualité a acquis une telle valeur, ce n'est pas le fait du hasard. La majorité des médias, même les plus puritains, réserve une place de choix à la sexualité, que ce soit pour en vanter l'accomplissement ou en condamner l'étalage.

Une conception du monde

À travers le discours sur la sexualité, c'est toute une conception du monde qui se reflète. Le sexe devient un produit comme un autre et sa consommation impose des références et des modèles de comportement.

Chacun doit se soumettre à l'obligation d'être « sexy », ce qui passe par des codes affectant l'ensemble de la vie sociale : vêtements, coiffures, style de vie et tous les objets mis à la portée du consommateur.

> **Caricature des modèles féminins et masculins**
>
> Les codes de la féminité sont parfois interprétés jusqu'à la caricature. Pour ressembler à une femme, travestis et transsexuels exploitent l'apparence, le moindre détail fait l'objet d'une féminisation, si bien que l'ensemble dépasse outrageusement le modèle. En mimant ce qu'ils considèrent comme les signes extérieurs de féminité, ils obéissent en réalité à des idées reçues et pérennisent les modèles traditionnels. De même, les modèles de masculinité sont exploités jusqu'à l'extrême par une partie de la communauté gay. L'ensemble produit une caricature, dans laquelle ni les hommes ni les femmes ne peuvent se reconnaître, car elle ne fait qu'illustrer un fantasme de genre.

■ Notre propre conception du monde

À quoi ressemble notre propre image mentale ? Celle de notre idéal féminin ou masculin ? Quelle est la place de la sexualité dans ces images ?

> **Audrey, 28 ans**
>
> « J'avais quelques kilos en trop, mais je n'arrivais pas à suivre un régime, encore moins à faire du sport. Je détestais mon corps, je ne pouvais pas me regarder dans une glace sans me trouver grosse. Je n'avais aucune envie de faire l'amour et mon copain était las de cette situation. On finissait par se disputer, bref, la vie était infernale. J'ai entrepris un travail sur moi et j'ai compris mon problème. J'étais partagée entre deux images de moi : l'une idéale, mince, jolie, sexy qui avait le droit de plaire, de jouir, d'être heureuse ; l'autre était ronde, laide et déprimée, tout bonheur lui était interdit. Je me suis d'abord révoltée, car je ne reconnaissais aucune de ces images, mais ça m'a aidé à me reconstruire. Depuis, je sais qui je suis, ce que je veux et, surtout, il n'y a plus d'entrave à mon bonheur. »

Les deux images d'Audrey reflètent des idées reçues d'un modèle du monde d'où sont exclues les différences. Tout le monde est beau, sexy, en forme, optimiste et très obéissant ! Tous nos choix s'effectuent sous l'influence de modèles qui dictent notre conduite en toute situation. Il est indispensable de prendre conscience de ces schémas de vie, surtout quand ils font obstacle à notre épanouissement. Voici un exercice pour vous aider à accéder à vos propres images mentales.

Exercice

1- Pour commencer, pensez à un comportement que vous estimez caractéristique de vous-même, quelque chose que vous ne pouvez pas vous empêcher de faire, de dire… Vous pouvez compléter la phrase : « *C'est plus fort que moi, je ne peux pas m'empêcher de…* ».
2- Puis, évaluez ce comportement en répondant à la question : Quel trait de mon caractère ce comportement révèle-t-il ?
3- Imaginez maintenant toutes les manifestations de ce trait de caractère, un peu à la manière d'une galerie de portraits.
4- Choisissez le portrait qui vous caractérise vraiment… Est-ce tout à fait le même qu'au départ ?

L'importance des représentations mentales

Le principal organe sexuel des hommes et des femmes est le cerveau… Les représentations mentales jouent donc un rôle de guide à travers toutes les situations de la vie, justifient nos certitudes et souvent même remplacent la réalité.

Les représentations mentales agissent à tous les niveaux de nos décisions. Si elles restent le plus souvent dans l'ombre de notre théâtre mental, c'est que nous ne sommes pas conscients de leur existence. Pourtant, elles s'élaborent tout au long de la vie à travers les expériences, les rencontres. Toutes les situations viennent les enrichir. Certaines représentations vont permettre de s'exprimer pleinement, d'autres limiter les champs d'action.

Le coup de foudre

Pour comprendre l'influence des représentations mentales, il suffit de penser à la situation de coup de foudre. On découvre quelqu'un pour la première fois et l'on est irrésistiblement attiré. Il n'y a rien de magique dans ce phénomène, seulement l'action de représentations mentales. Celui ou celle qui nous attire ainsi colle parfaitement avec une image que nous avons construite : aspect, façon d'être, de parler, de s'habiller, opinions, style de vie. Cette image répond à notre attente, même si celle-ci est restée discrète, peu ou pas formulée. Si l'attirance est réciproque, ce qui n'est jamais garanti, le coup de foudre bilatéral laisse présager d'un grand amour.

■ Les croyances

Les représentations mentales se confondent avec des croyances plus ou moins réalistes : celles qui jalonnent notre représentation du monde. Ainsi, pour être optimiste faut-il croire que le progrès existe et que cela vaut la peine de faire des efforts pour atteindre des buts. Les êtres humains ont recours aux croyances dans tous les secteurs de leur activité. C'est pratique, car cela permet de faire l'économie de la réflexion : il suffit d'appliquer ses certitudes.

■ L'importance du regard

Dans la rencontre, la séduction, on a vite fait de classer l'autre dès le premier regard, un petit détail suffit souvent pour lui attribuer un qualificatif : cool, ringard, sexy, canon... Quand on évalue de cette façon, cela va très vite et garantit une « prise de tête » au niveau zéro, car on se limite à appliquer des croyances.

C'est ainsi que s'édifient les jugements hâtifs à propos de l'apparence. Le look traduit de nombreux aspects de la personnalité, à ceci près qu'il faut être conscient des codes et des tribus auxquelles ils se réfèrent. Un style d'apparence valorisé aux yeux de certains sera jugé de façon péjorative par d'autres. Pire encore, beaucoup s'arrêtent à l'allure croyant qu'elle suffit à révéler la personnalité de façon fiable et durable.

■ L'évaluation d'une situation

Les représentations mentales accélèrent l'évaluation d'une situation, en réduisant les informations. Par exemple, la première impression se fonde sur quelques détails jugés significatifs. Que se passe-t-il quand on rencontre quelqu'un pour la première fois ? Inconsciemment, on compare ce que l'on voit avec ce que l'on sait : souvenirs, expériences, savoirs... Si la personne que l'on rencontre nous évoque de mauvais souvenirs, la première impression risque d'être désastreuse. En outre, comme personne n'aime reconnaître ses erreurs, on aura ensuite tendance à chercher des preuves pour justifier cette première impression.

■ L'impact sur la vie sexuelle

Certaines représentations mentales se révèlent calamiteuses pour la vie sexuelle, sentimentale, affective. Le temps qui passe ne fait que grossir les traits, renforcer les caractères. Pour que des changements se mettent en œuvre et persistent, il faut qu'ils apportent des bénéfices tangibles.

Les problèmes sexuels ne s'arrangent pas d'eux-mêmes avec le temps, mais demandent qu'on s'applique à les résoudre. Dans la majorité des cas, si on prétend qu'un problème a disparu avec le temps, c'est qu'en réalité, on a abandonné la lutte ou que l'on a décidé de vivre avec le problème...

En revanche, certains problèmes s'aggravent avec le temps. Aux manifestations sexuelles s'ajoutent des angoisses de performance, des peurs de l'échec qui, à leur tour, vont renforcer le problème. C'est le cas notamment des pannes sexuelles, ou dysérections ; chez l'homme jeune, l'accumulation des pannes entraîne une forte inquiétude qui renforce d'autant plus les difficultés.

Le couple idéal

Nous cherchons des partenaires en accord avec une certaine représentation du couple. Depuis quelques années, ce modèle a considérablement évolué. Le couple idéal demeurait un couple hétérosexuel, avec une répartition des rôles relativement traditionnelle, les mœurs évoluent moins vite que les idées...

Mais de nombreux pays légitiment le couple homosexuel, l'autorisent à adopter des enfants, à bénéficier des mêmes avantages qu'un couple hétérosexuel. Les familles monoparentales sont désormais très nombreuses, plus encore que les familles recomposées. Tous ces bouleversements s'associent et viennent modifier la représentation du couple idéal, la fragmenter et l'adapter aux règles en vigueur dans les différents groupes sociaux.

Vers une sexualité épanouie

On peut aussi se poser la question de savoir si la vie de couple est réellement le terrain le plus favorable à l'épanouissement sexuel. La sexualité s'exprime dans une relation à l'autre, mais il est impossible d'affirmer quelle doit être la nature de cette relation. Beaucoup croient que la vie à deux va leur permettre de vivre une sexualité épanouie, pourtant, rien n'est moins sûr.

> **À quoi tient la réussite d'un couple ?**
>
> Pour la majorité des Français, le dialogue et la fidélité priment, ils citent ensuite l'engagement mutuel, puis l'entente sexuelle. Élever des enfants n'arrive qu'en dernière position, après le soutien réciproque pour accomplir des projets en commun. Les valeurs sûres de la conjugalité n'accordent la première place ni à l'amour ni au sexe ; dialogue et fidélité les dépassent de loin. Réalisme et lucidité réduiraient-ils les idéaux du couple ? On ne parle plus d'amour, mais de projet, d'engagement, et l'idée même de bonheur à deux n'est pas évoquée...

Malgré les informations disponibles à propos de la sexualité, celle-ci reste le plus souvent frustrante et limitée à un niveau pulsionnel/compulsif. Chacun peut avoir une vie sexuelle épanouie, mais cela demande un investissement personnel, une attention de qualité envers l'autre ; cela exige de dépasser ses égoïsmes et c'est sans doute la plus grande difficulté à surmonter.

Différents modèles de couple

L'engagement mutuel pour le meilleur et pour le pire tient aussi une place essentielle dans la représentation du couple, mais ces prises de position résistent mal à la routine, à la précarité et au manque de réel projet commun.

Aujourd'hui, chacun veut s'épanouir dans sa vie de couple sans pour autant renoncer à sa liberté. Les rôles et les genres ayant assoupli leurs frontières traditionnelles, on pourrait penser que les jeunes couples vont construire un modèle original. Or, à part quelques exceptions, nous retrouvons des choix assez conformes aux modèles traditionnels et fortement influencés par les choix parentaux. Quelques modèles caractéristiques se dégagent.

■ Couple passionnel romantique

Rien n'interdit de croire qu'on va rencontrer l'âme sœur, l'autre moitié de son être, et vivre une grande histoire d'amour. Roméo et Juliette, Tristan et Iseult, Orphée et Euridice, Pelléas et Mélisande, Abélard et Héloïse, Chimène et Rodrigue représentent les modèles les plus caractéristiques du couple passionnel et romantique. Ces jeunes amants se contemplent et s'effleurent, leur passion remplace les autres réalités.

> **Antoine et Cléopâtre, un modèle de couple passionnel**
>
> La passion d'Antoine et de Cléopâtre a inspiré écrivains et poètes. Au plan historique, les textes antiques s'accordent pour parer la belle Égyptienne de viles intentions et de pouvoirs magiques. La reine exerce une totale emprise sur son amant. La passion les aveugle et leur liaison dure plusieurs années. Cléopâtre met toute son énergie et son imagination au service de son amant. Cette union, fortement érotique, ne ressemble en rien à celle des héros un peu éthérés qui ne se consument que du regard.

L'ultime sacrifice se présente alors comme une issue naturelle, puisqu'il devient l'unique moyen de rejoindre à jamais l'objet aimé.

■ Couple fusionnel

Parfois, la passion se vit à l'échelon individuel, seul l'un des amants l'éprouve ou reconnaît l'éprouver, l'autre affirme aussi aimer, mais sa manière d'aimer ne satisfait pas les attentes de son (sa) partenaire.

Le désir d'une relation fusionnelle implique un certain degré de coupure vis-à-vis du monde extérieur. Celui qui cherche à installer ce type de relation trouve sa sécurité, sa raison de vivre, son bonheur auprès de l'être aimé et voudrait inconsciemment retourner au stade de petit enfant blotti contre sa maman, faire en quelque sorte partie d'elle. Ce projet de vie n'est pas adapté entre adultes ! Une telle relation, fermée sur elle-même, offre un cadre idéal à la jalousie !

> **Pygmalion, un modèle de couple fusionnel**
>
> Le couple fusionnel se fonde sur la passion, mais celle-ci n'est pas réciproque. Le modèle de Pygmalion qui « fabrique » une créature selon son idéal dessine la perspective des unions fusionnelles. En aimant sa créature, il s'aime lui-même car il n'a fait que créer une partie de soi. La fusion est totale et le drame se noue dès l'instant où la poupée veut conquérir son autonomie.

Le couple fusionnel peut, contrairement au couple passionnel, s'inscrire dans la durée, pour autant que les rôles ainsi déterminés soient acceptés et joués sans accroc. Les problèmes surviennent si l'un ou l'autre se met en quête d'autonomie. Ainsi, on peut observer des couples âgés, perdus l'un sans l'autre, n'existant que dans leur reflet réciproque.

> **Joël, 68 ans**
>
> « J'ai pris ma retraite il y a 12 ans et nous nous sommes installés au bord de la mer. J'ai toujours été passionné par les bateaux, mais, pour des raisons de santé et de sécurité, mon médecin m'a interdit cette activité. Depuis, je déprime : ma femme ne me laisse plus faire un pas seul et explique à qui veut l'entendre qu'elle veille sur ma santé et lutte âprement pour m'empêcher de me mettre en danger ! C'est là que j'ai commencé à avoir des pannes sexuelles, je me sentais coincé... Avant, c'était différent, il m'arrivait de partir seul sur mon bateau et de passer la journée à la pêche. Aujourd'hui, je reste à terre, je me sens impuissant. »

■ Couple libre, oui mais jusqu'où ?

L'image d'un couple libre et heureux, où chacun s'épanouit dans la tolérance et la bienveillance mutuelles a de quoi faire rêver. Cependant, cette manière de s'organiser n'est pas simple à mettre en œuvre et requiert le plus grand respect pour l'autre. En dehors de cette dimension, frustrations, inquiétudes, rancœurs ne tardent pas à se manifester, préparant le terrain pour des conflits douloureux.

L'un des couples de référence, Jean-Paul Sartre et Simone de Beauvoir, vivaient ensemble sans être mariés, ce qui était exceptionnel à leur époque. Ils connaissaient des aventures en dehors de leur couple, mais demeuraient ensemble, non sans souffrir, contre vents et marées. Cette situation, cependant, les conduisit à renoncer à leur vie sexuelle. Ils furent donc ensemble, sans l'être tout à fait... Et Simone de Beauvoir préféra tenir auprès de Sartre des rôles maternels plutôt que d'amante.

Jean-Pierre, 45 ans

« Nous sommes en pleine crise. Ma femme et moi avons une vie professionnelle active, je m'investis à fond dans mon travail. Nous avons aussi chacun des activités personnelles : je fais du sport, Monique fréquente un club de bridge. J'ai eu parfois des aventures, mais rien qui remette notre couple en question. Là, c'est différent, Monique a rencontré un homme pour lequel elle éprouve une passion violente. J'ai fini par le découvrir. Tout s'est effondré... Je ne lui en veux pas d'avoir eu une aventure, cela m'est arrivé aussi. Ce que je n'admets pas, c'est qu'elle m'ait menti et caché cette liaison. Au départ, nous étions bien d'accord pour tolérer des aventures sans lendemain et protéger à tout prix ce que nous vivions ensemble. »

Les limites de la liberté individuelle sont un sujet redoutable pour les couples qui veulent tirer le meilleur de leur union. La confiance ne peut s'installer durablement que si les expériences vécues en commun la renforcent quotidiennement. La tolérance n'est jouable que dans la réciprocité. Les accrocs majeurs dans la relation des couples qui se veulent libres proviennent de l'absence de réciprocité sur l'un des points du contrat tacite qui lie les partenaires.

■ Couple d'intérêts

Bien que ce ne soit jamais un idéal clairement affiché, certains couples se fondent sur des intérêts financiers ou matériels. La situation sociale compte autant sinon plus que les attraits physiques ou sexuels dans le choix du partenaire, et ceci encore davantage chez les personnes qui ont connu des difficultés et dont la première préoccupation est de pourvoir à l'approvisionnement.

Il fut un temps où l'arrangement des mariages était intégré dans les habitudes et où les apports financiers comptaient beaucoup. Ce procédé est toujours en vigueur dans certaines communautés où les familles marient leurs filles sans les consulter, afin de conclure des marchés ou des alliances avec d'autres familles. En France, la dot n'a plus la cote dans les classes moyennes. Une majorité de gens se marie sans qu'un apport important soit effectué. Toutefois, la plupart des parents qui le peuvent apportent une aide matérielle lors de l'installation du couple.

Philippe, 55 ans

« Les parents de mon épouse, Marianne, possédaient une petite industrie en province, les affaires tournaient bien. Marianne achevait de brillantes études et prenait avec ardeur et compétence le relais de son père à la tête de l'entreprise. Nous nous sommes rencontrés pendant les vacances. J'étais prof de tennis et joueur de golf, nous avons eu une courte liaison, mais, en fait, je suis tombé fou amoureux de Marianne. Je lui ai fait une cour assidue et j'ai fini par la convaincre de m'épouser. La veille de notre mariage, le père de Marianne m'a déclaré :
– Bon, vous épousez Marianne, cela ne nous plaît pas, mais nous espérons que vous la rendrez heureuse. La seule condition que nous mettons à cette union, c'est que vous passiez votre temps à jouer au tennis ou au golf, enfin, laissez Marianne s'occuper de l'entreprise. Je me suis engagé et j'ai tenu ma promesse, je me sentais exclu, mais je comprenais les raisons. Alors, j'ai accumulé victoires et trophées et Marianne a fait prospérer l'entreprise... Finalement, nous sommes très heureux. »

À toutes les époques, il y a eu des gens qui cherchaient à reconstituer ou à acquérir une fortune, en épousant une personne riche. Dans les milieux bourgeois, cependant, des négociations avaient lieu entre les parents pour que l'union des enfants renforce la prospérité des deux familles. Le coureur de dot était fort redouté des familles bourgeoises, jalouses de leur richesse.

Le couple fondé sur l'intérêt marchand existe toujours, la stabilité n'en est assurée que si l'échange semble satisfaisant. L'argent ne fait pas le bonheur dit-on... Par ailleurs, le choix est-il tout à fait désintéressé ? Dès qu'il y a mise en commun, il y a échange. Bien des choses peuvent s'échanger dans le cadre d'un couple, les biens matériels en font partie. Il demeure que, dans notre société, cela paraît trivial et très éloigné des critères romantiques ou passionnels que de fonder son couple sur des intérêts financiers.

Gérard, 48 ans

« Mon épouse était décédée et je n'arrivais pas à reprendre le dessus. Pourtant, les affaires ne me donnaient pas de souci, mais je me sentais seul et je me suis laissé aller. En l'espace de quelques mois, j'ai pris vingt kilos, perdu mes cheveux et je me suis mis à consommer sans modération alcool et tabac. C'est là que j'ai commencé à confier de plus en plus de responsabilités à mon assistante Anne. En quelques mois, je suis devenu dépendant, je ne pouvais plus me passer d'elle, elle organisait toute ma vie... Nous avons décidé de nous marier, cela s'est fait comme ça, tout naturellement. »

Couple de devoir

Obéir à son devoir demeure une attitude généralement valorisée, qualifiée d'héroïque parfois. On oublie simplement que, nos comportements s'inscrivant toujours dans une économie psychologique bien organisée, il y a souvent plus de gratifications à espérer d'une conduite considérée comme héroïque que d'un choix plus terre-à-terre, moins glorieux mais probablement plus hédoniste.

Sophie, 26 ans

« Je me souviens que je me dépêchais pour aller chercher mon mari à la gare, il avait passé la semaine à l'autre bout du pays pour raisons professionnelles. On s'est téléphoné tous les jours et j'étais très impatiente de le revoir. C'est là qu'un chauffard a franchi le carrefour à toute allure, j'ai été renversée. Un peu plus tard, j'ai compris que je ne pourrai plus jamais marcher. J'ai réfléchi longtemps, mesuré les conséquences et proposé à mon mari de divorcer. Choqué, il a refusé. Son amour m'a donné l'énergie pour accepter mon handicap. Malgré les difficultés, notre couple a survécu. »

Le sens des responsabilités est aussi proche du devoir. Il s'agit de mesurer les conséquences d'une décision. Chaque fois que nous facilitons trop les choses pour notre partenaire, nous limitons son autonomie et, à la limite, l'empêchons d'exister à un niveau plus personnel.

Le couple qui place sa dynamique conjugale dans le devoir se reconnaît par des indices de rigidité. Des opinions bien ancrées, des affirmations toutes faites, des généralisations, des solutions pour tout ou presque et des expressions qui prennent à témoin les autres pour exiger leur approbation.

De nombreuses questions de morale, de responsabilité et de devoir se posent tout au long de la vie du couple. Cette dimension éthique ne doit pas être négligée sous prétexte de modernité, car il est très rassurant de savoir où se situe son devoir, de définir clairement les frontières entre le bien et le mal. Bien que cette notion ne soit pas toujours explicite, il peut être utile de la chercher dans l'expérience et le témoignage de chaque membre du couple.

Nicole, 38 ans

« J'ai rencontré Jean-Claude qui était alors ouvrier chez un patron. Je reprenais le café-restaurant hérité de mes parents, cela me posait de nombreux problèmes parce que j'étais seule. Jean-Claude a quitté son travail pour venir travailler avec moi. Nous avons mis toute notre énergie dans le travail, et l'arrivée de nos enfants nous a encore davantage motivés. Les affaires ont bien marché jusqu'au jour où je suis tombée amoureuse. J'ai eu une liaison, mais j'y ai renoncé rapidement pour revenir tenir mon rôle. Depuis, j'ai sans arrêt des problèmes de santé, mon mari souffre de me voir ainsi, il déprime, mais je sais qu'il ne m'abandonnera pas... »

Parfois, le couple découvre qu'il ne s'aime pas, mais décide de rester ensemble. Bien des prétextes sont alors invoqués. Le modèle du couple parental uni élevant ses enfants plane sur tous les esprits et la culpabilité que l'on peut ressentir vis-à-vis des enfants en cas de divorce suffit parfois à décourager les candidats ! Le font-ils pour l'autre par devoir, par amour, par plaisir... ?

Contrats non dits

Ces styles de couple se mélangent et, généralement, composent leur propre conjugalité à partir de ces ingrédients. Certaines valeurs comme la confiance, la fidélité, les sentiments ou la famille donnent le ton et s'illustrent par des choix de vie.

Les conflits se manifestent à plusieurs niveaux, soit ils s'enracinent sur des difficultés sexuelles, soit la difficulté sexuelle les traduit. Dans tous les cas, le problème peut être compris comme la transgression d'une sorte de contrat tacite.

> **Un désintérêt pour le sexe**
>
> Chez la femme, le manque de désir et l'absence de plaisir signifient souvent un désintérêt pour le sexe qui ne lui apporte plus de satisfaction, son partenaire n'a peut-être jamais su la satisfaire et, une fois comblé le désir d'enfants, elle ne voit plus aucune raison de faire l'amour. La frustration, le sentiment d'injustice s'installe chez chacun avec la désagréable impression d'avoir été trahi dans ses attentes.

Si l'on examine les faits, le problème s'enracine sur le terrain de l'ignorance mutuelle et du manque de communication. On a préféré utiliser des idées toutes faites, des représentations fausses, plutôt que de comprendre les sentiments et les attentes réels de l'autre. On a fait « comme si » l'autre partageait les mêmes références et donc, lorsque le couple est en péril, on attribue la responsabilité à l'autre qui a manqué à ses devoirs, sa parole, qui a trahi la confiance, etc. Facile à dire quand on utilise un contrat demeuré tacite.

■ Préciser les limites et les attentes de chacun

Pour qu'un couple puisse durer, il faut préciser les limites et les attentes de chacun au lieu de les garder dans le non-dit. Aussi longtemps que les règles de ce contrat tacite sont observées, les comportements de chacun s'y conforment, il reste dans l'ombre. Lorsque ce n'est plus le cas, la confiance mutuelle est déstabilisée, la représentation de l'autre et celle du couple sont décalées vis-à-vis des références. Enfin, l'amour-propre encaisse un coup, car le problème renvoie à chacun un sentiment d'échec.

Les occasions de transgresser le contrat tacite sont aussi nombreuses que ses clauses. Lorsque chacun a exprimé clairement quelles étaient les limites à ne pas franchir et qu'elles ont été acceptées de part et d'autre, les transgressions se situent à un autre niveau, plus délibéré, sans doute plus grave en termes d'impact sur la qualité de la relation.

■ Redéfinir les valeurs sur lesquelles se fonde le couple

C'est d'ailleurs pourquoi, en cas de conflit menant à la rupture, celui qui s'estime lésé tente toujours de faire valoir que l'autre n'ignorait pas les règles du jeu !

En revanche, lorsque les limites demeurent dans l'ombre ou se cantonnent dans les représentations idéalisées de chacun, il arrive tôt ou tard qu'elles fassent l'objet d'un « test ». La plupart des transgressions du contrat tacite se justifie par un « je ne savais pas », « tu ne m'en avais jamais parlé », ou tout autre prétexte invoquant l'ignorance des règles enfreintes.

Or, il est admis qu'il n'y a pas de faute à bafouer une loi qu'on ne connaît pas, même si, dans le même temps, on applique l'affirmation « nul n'est censé ignorer la loi » ! La relation de couple ne fait pas l'économie des contradictions, mais multiplie entre elles celles de chacun.

Les premiers accrocs peuvent être l'occasion de redéfinir les valeurs sur lesquelles se fonde le couple, ce qui conduira à un nouveau départ ou à la rupture.

Carole, 30 ans

« On s'est marié très jeune, on s'aimait à la folie ! On s'était juré amour et fidélité pour la vie ! Mais le temps a passé et 3 ans après on était un peu coincés dans une relation qui devenait plus fade. Et puis, on n'avait pas vraiment de plaisir à faire l'amour, mais on évitait d'en parler à cause de nos sentiments. Le jour où j'ai découvert qu'il me trompait, je suis partie m'installer chez une copine. Je ne voulais plus le revoir, il y avait quelque chose de brisé. Je n'ai pas cédé. D'ailleurs, jamais je n'aurais pu lui faire confiance à nouveau. C'était fini. Il a eu beau me supplier de revenir, je ne pouvais plus, même si je l'avais voulu, cela me dégoûtait. Il m'avait promis de ne jamais me tromper, je ne peux pas lui pardonner ! Nous avons divorcé. C'est allé très vite. Puis la vie a repris son cours. Aujourd'hui, je suis guérie, si l'on peut dire. J'aimerais rencontrer quelqu'un, fonder une famille, mais, je ne trouve pas... »

Chaque couple se fonde sur des représentations, des croyances et des valeurs, le plus souvent consignées dans une sorte de contrat non dit, qui reste dans l'ombre jusqu'au premier accroc. Mieux se connaître, être attentif à l'autre et à ses attentes, rester disponible au dialogue permettent de surmonter la plupart des écueils de la vie à deux.

Chapitre 4

La psychologie du désir

Chacun vit sa sexualité de façon personnelle : éducation, culture, milieu social, expériences et découvertes contribuent à modeler la personnalité et les choix amoureux et sexuels. Il existe cependant quelques repères communs qui permettent de se situer et de mieux comprendre sa sexualité. Ce sont notamment les différents « niveaux » que nous avons présentés au chapitre 2 et que nous allons explorer cette fois pour identifier leur influence psychologique.

Différencier désir et pulsion

Les différents niveaux de la sexualité – pulsionnel, compulsif et relationnel – expliquent certaines difficultés dans le couple. Satisfaire l'instinct sexuel apaise la « faim », mais ne calme pas le désir de « manger »...

Savoir à quel niveau de la sexualité on se situe

L'instinct sexuel s'exprime au niveau pulsionnel, la recherche égoïste de la jouissance au niveau compulsif, alors que la sexualité n'atteint sa dimension humaine que dans le niveau relationnel.

Dans beaucoup de couples, les problèmes surgissent lorsque les partenaires évoluent sur des niveaux différents de la sexualité. Tous les humains connaissent le niveau pulsionnel et compulsif, mais certains, notamment les hommes, y demeurent, tandis que les femmes, dans leur grande majorité, privilégient les aspects affectifs et relationnels de la sexualité.

Le niveau pulsionnel/compulsif : stade du chasseur-cueilleur

Le niveau compulsif, si on le distingue du niveau pulsionnel, demeure fortement centré sur soi, et ne diffère de la pulsion que par la recherche active et volontaire de jouissance, avec un ou une partenaire.

Le niveau pulsionnel/compulsif de la sexualité pourrait se comparer au stade du chasseur-cueilleur de l'évolution des humains. Le chasseur-cueilleur, soumis à l'influence des conditions extérieures, devait s'appliquer à obtenir des résultats immédiats, sa quête se résumait à assurer la survie de son groupe.

Le niveau relationnel : stade de l'agriculteur

Cultiver la terre et élever des animaux demande d'avoir appris à imaginer le futur à plus long terme. Entre le moment où l'on sème et celui où l'on récolte, de longues semaines s'écoulent. L'agriculteur investit son temps, son attention, ses soins en espérant une récompense.

Quand on se situe au niveau relationnel de la sexualité, on donne au lieu de prendre. Apprendre à donner son temps, son attention permet d'entrer dans une logique d'échange, de réciprocité dont les récompenses valent largement l'investissement. La joie se situe alors dans la relation et non dans l'accès immédiat à une jouissance éphémère.

Ce que l'on contrôle et ce que l'on ne contrôle pas

Certains faits échappent au contrôle de la volonté. C'est le cas notamment du climat hormonal ; la volonté n'a pas le pouvoir de le modifier.

S'il est indispensable d'apprendre à canaliser son énergie sexuelle, la répression n'offre probablement pas la meilleure réponse pour ce projet. Des jeunes gens qui ont été frustrés et culpabilisés pendant des années ne seront à l'abri ni des problèmes sexuels, ni des difficultés psychologiques, encore moins des conflits de couple, quand ils seront autorisés à se servir de leur sexe.

> **La chasteté**
>
> Les personnes qui choisissent de rester chastes, c'est-à-dire de se priver de toute activité sexuelle, souffrent beaucoup et dépensent une grande énergie à combattre leurs pulsions. Selon Michel Onfray[1], les religions monothéistes considèrent la chasteté comme une vertu, accusent la sexualité de détourner l'homme de ses devoirs religieux et la femme d'être l'instrument de ce méfait. Il suffit donc de vaincre ses pulsions sexuelles pour devenir un héros, voire un martyre. De telles attitudes ne sont pas sans danger. Que peut-on attendre de positif dans la négation d'une réalité biologique évidente ?

Réprimer la sexualité aboutit à faire de l'autre un ennemi, supposé représenter la tentation et le mal, seul le rapport de force sera utilisé comme modèle relationnel avec les partenaires potentiels, ainsi qu'avec soi-même. Comment une relation sexuelle réellement épanouissante peut-elle voir le jour dans un tel contexte ?

Les attentes féminines

Dans l'expression « relation sexuelle », les femmes privilégient la relation, tandis que les hommes peuvent se contenter de l'aspect purement sexuel. Comment expliquer cela ? Différents arguments se côtoient, les déterminismes biologiques, le partage traditionnel des rôles, la culture.

Le niveau pulsionnel/compulsif au féminin

Les femmes peuvent aussi se situer sur un niveau pulsionnel/compulsif, chercher activement un partenaire, se procurer des orgasmes clitoridiens.

Cependant, dès qu'une certaine régularité apparaît, elles évoluent rapidement vers une sexualité relationnelle, dans laquelle les sentiments tiennent le premier rôle, mêlant l'affectif et la sexualité. Le verbe « aimer » revêt un sens global pour les femmes, ce n'est pas seulement « consommer », mais donner de l'attention, des caresses, de l'affection et toute une gamme d'émotions. Cette riche palette d'expressions explique la grande variété des attentes féminines.

1. Michel Onfray, *Traité d'athéologie*, Grasset, 2005.

La durée de vie moyenne d'un couple[1]
- de 7 à 8 ans pour un couple homo ou hétérosexuel.
- 40 % des lesbiennes et 45 % des femmes hétérosexuelles affirment n'avoir aucun intérêt pour le sexe.
- 29 % des lesbiennes et 41 % des femmes hétérosexuelles témoignent d'une difficulté ou d'une impossibilité à atteindre l'orgasme.

Ces chiffres s'inscrivent parfaitement dans ce que nous savons des réalités biologiques et psychologiques.

■ Le couple lesbien

Dans les couples lesbiens, le sexe ne joue pas nécessairement un rôle primordial. En revanche, le couple lesbien se caractérise par un fort attachement affectif. Quand elle existe, l'activité sexuelle vaut plus par la qualité relationnelle que par la recherche de jouissance. Chez les femmes, on observe très peu de nomadisme sexuel, les couples sont plutôt stables, la fidélité et l'engagement dans un projet conjugal l'emportent sur les attentes sexuelles.

D'ailleurs, ce n'est qu'exceptionnellement que l'on rencontre une plainte en rapport avec une difficulté sexuelle. Les problèmes majeurs des couples lesbiens tiennent à leur isolement. Dans leur désir de protéger leur relation, en effet, beaucoup de couples s'isolent et rompent les liens avec leur entourage familial et social. Un intense sentiment de solitude et de rejet provoque alors des inquiétudes et fragilise le couple.

Les attentes masculines

Dans de nombreux cas, les hommes demeurent ancrés au niveau compulsif de la sexualité ; l'acte sexuel n'est qu'une manière différente de se masturber. Certains se représentent l'acte sexuel comme une hygiène et réduisent d'autant sa signification. Au niveau pulsionnel/compulsif, tout cela s'explique parfaitement ; la gratification endorphinique qui accompagne l'éjaculation représente l'objectif de l'acte sexuel. On reste donc à une conception très utilitaire de l'acte sexuel, bien que le dessein procréatif soit généralement exclu ou très secondaire.

1. P. Schwartz, *Love between equals*, New York, Simon & Schuster, 1994.

Les problèmes sexuels sont alors vécus comme des dysfonctions mécaniques, qu'il convient de traiter comme telles par l'utilisation d'un remède. Il est en effet plus facile psychologiquement d'attribuer une panne sexuelle à un facteur organique, plutôt que de remettre en question ses croyances et ses comportements.

Le couple homosexuel masculin

Les relations sexuelles des homosexuels vont rarement au-delà du niveau compulsif, la jouissance immédiate est requise et l'on assiste souvent à une escalade des pratiques pour continuer d'obtenir des sensations intenses. Le nomadisme sexuel est très important, les rencontres souvent brèves et peu investies au plan sentimental. Bien entendu, il serait faux de généraliser. Il existe aussi des couples traditionnels chez les homosexuels, dans lesquels la part de la sexualité et celle de la qualité relationnelle s'équilibrent.

Thibaud, 30 ans

« Jusqu'à ce que je rencontre Christophe, ma sexualité était compulsive. J'attribue cela à une quête insatiable, un besoin d'être aimé, sans cesse frustré. À la différence d'un garçon hétérosexuel qui peut rêver de "se faire" une fille, l'homosexuel qui rencontre un garçon désirable fera réellement tout pour y arriver et, une fois assouvi, il n'aura de cesse de recommencer. J'ai compris que ma soif d'une vraie relation n'était jamais satisfaite, je n'avais appris à vivre ma sexualité que dans la compulsion et une certaine violence. Tout a changé depuis. J'ai appris que ma vie pouvait être autre chose qu'une recherche incessante de plaisir, que je pouvais partager des sentiments intenses. Nous vivons ensemble depuis plus de 10 ans, notre affection mutuelle est intacte et notre entente sexuelle certainement meilleure. Cette relation m'a permis de m'épanouir sur tous les plans. »

Accéder au niveau relationnel de la sexualité masculine

Les hommes qui accèdent au niveau relationnel de leur sexualité parviennent à s'épanouir, à vivre et à exprimer leurs sentiments et leurs émotions, sans pour autant renoncer à leur identité de genre. La culture masculine a longtemps prôné un idéal masculin déconnecté de ses émotions, imperturbable et vivant d'insurmontables difficultés de communication avec les femmes et les enfants. Ce modèle passablement désuet fournit le prétexte à une littérature[1] populaire qui prétend traiter des problèmes de communication entre les hommes et les femmes.

Hommes et femmes sont parfaitement capables de communiquer ensemble sur un pied d'égalité. L'important, c'est la qualité d'attention qu'on porte à l'autre et non son sexe ou son genre.

Comment naît le désir ?

Le désir sexuel se fonde sur une image sensorielle : la vue, l'ouïe, le toucher, les odeurs participent de cette magie. Les scientifiques explorent aussi le rôle des phéromones, ces subtiles fragances qui guident les espèces animales dans la recherche de partenaires. La sensorialité du désir sexuel nous renvoie à nos propres réalités biologiques, mais également à l'influence de notre culture qui décide ce qu'on peut montrer ou soustraire à la perception sensorielle. Qu'on en juge !

Jusqu'où peut-on montrer son corps, sa silhouette, ses cheveux ? Que peut-on dire ? Y a-t-il des mots interdits ? Qu'est-ce qu'on peut toucher ? Quel est le rôle du parfum ? Du déodorant ?

La vue

Pour se convaincre du rôle essentiel de la vue dans le désir sexuel, il n'est que d'observer les efforts que certaines cultures déploient afin de cacher les femmes à la vue des hommes. Une mèche de cheveux s'échappant d'un foulard, une silhouette pudique suscitent une tentation érotique, quand la vue est frustrée en permanence. Dans les traditions chrétienne et musulmane, si le corps de la femme est une incitation à la débauche, celui de l'homme peut être vu, dans certaines limites toutefois.

Les hommes utilisent davantage le mode visuel pour exciter leur désir. La publicité sollicite en permanence la perception visuelle, et associe

---

1. *Cf.* John Gray à propos des aventures et mésaventures de Mars et de Vénus...

des représentations érotiques des corps féminins et masculins à différents produits de consommation. Les conduites de séduction se fondent sur la sollicitation visuelle.

Codes visuels pour la séduction

Dans la nature, certains animaux modifient leur aspect comme pour mieux attirer l'attention des partenaires sexuels. Le paon déploie son plumage avec ostentation, fait la roue ; d'autres se parent de belles couleurs à la saison des amours.

> **Parures du corps et séduction**
>
> Le maquillage accentue le regard, souligne les lèvres et les rend plus présents dans l'image transmise et captée. Les vêtements mettent la silhouette en valeur, les chaussures à talons hauts allongent la ligne et donnent du galbe à la jambe.
> Les tatouages et les piercings exigent que le corps soit livré aux regards. Les montrer, c'est donner un peu de soi, inviter à la rencontre. La connotation érotique de ces ornements saute aux yeux : le regard est attiré vers la peau tatouée ou vers le bijou. Ces parures racontent une histoire et traduisent l'appartenance à une « tribu » ou à une mouvance.

Dans les sociétés humaines, des codes visuels pour la séduction jouent un rôle prépondérant. L'anthropologue Helen Fisher[1] affirme que certains comportements de séduction sont compris comme tels par tous les humains, quelle que soit leur culture.

Un rôle prépondérant dans les fantasmes

Une image, même construite d'une situation qui n'est jamais arrivée ou fabriquée à l'aide de souvenirs, d'évocations, d'expériences diverses, peut provoquer une intense excitation sexuelle.

---

1. Helen Fisher, *Histoire naturelle de l'amour, instinct sexuel et comportement amoureux à travers les âges*, coll. « Réponses », Laffont, 1992.

Le désir d'être vue

Assister à une scène érotique sans être vu éveille le désir de beaucoup d'hommes et de femmes : 32 % des Françaises placent ce fantasme au premier rang. Le fait de se savoir observée stimule beaucoup de femmes qui aiment l'idée de se montrer devant un spectateur invisible, qu'elles imaginent en proie au désir.

L'ouïe

La voix, la musique participent à l'éveil du désir comme l'illustrent les nombreuses métaphores musicales. Dans la littérature comme dans l'iconographie, le rapport entre l'érotisme et la musique semble naturel : un instrument de musique entre les mains d'une femme dévêtue symbolise une tout autre activité.

■ La musique participe à l'éveil du désir

Certaines cultures interdisent la musique dont les sonorités déclenchent des émotions puissantes et incitent à la sensualité. Qu'il s'agisse de musique populaire ou savante, de chansons ou d'opéra, elle évoque l'omniprésence de l'amour et permet d'accéder à un registre émotionnel d'une grande variété. Par extension, la danse, fondée sur le rythme, s'est depuis toujours inscrite comme une métaphore de l'amour dans ses dimensions sentimentales comme érotiques.

> **La joueuse de flûte**
>
> Dans l'Antiquité, les banquets étaient suivis de festivités mêlant la consommation de vins capiteux et les jeux érotiques qu'animaient une ou plusieurs joueuses de flûte. Ce personnage est incontournable dans l'univers érotique. La flûte symbolise le sexe de l'homme et l'instrument à cordes celui de la femme. La forme de la guitare, du violon ou du violoncelle évoque les hanches et la taille féminines...

Le personnage du maître de musique ou de danse, comme celui de la belle musicienne portent une puissante charge érotique. Beaucoup de jeunes filles ont rêvé en secret de leur prof de piano comme la jolie et talentueuse Maria Wodzinska dont Frédéric Chopin tomba amoureux. Le chanteur ou la chanteuse de variété hante de même les univers érotiques. Perdre connaissance en entendant la voix de son idole correspond à une sorte d'orgasme dont le point de départ serait auditif...

■ Les mots stimulent le désir

Les mots que l'on se murmure dans l'intimité ont un rôle important à jouer dans la stimulation du désir. Exprimer ses sentiments, ses désirs ses émotions, c'est aussi savoir les dire. Quand on demande aux Françaises ce qu'elles voudraient changer dans le comportement amoureux de leur partenaire, plus d'un tiers d'entre elles exprime le désir de se sentir plus écoutées et que leur partenaire leur parle en faisant l'amour.

Un couple qui « s'entend » bien a souvent développé une sorte de culture intime, un langage « codé » dont ils possèdent les clés en exclusivité et qui accompagnent la relation amoureuse.

Le toucher

La peau révèle l'état intérieur, les émotions, les fragilités. Elle capte de multiples informations du milieu auxquelles l'organisme s'adapte : variations de la température, de l'humidité, présence de vent, contact avec différentes choses...

Dans les relations sociales, affectives, amoureuses, le contact avec une autre peau peut susciter le plus ardent désir comme la plus impérative répulsion. Certaines parties du corps, comme les mains, permettent de très subtiles distinctions. Les yeux fermés, nous sommes capables de sentir avec précision les formes, les textures de ce que nous touchons.

Le toucher reste l'un des sens les plus doués pour l'amour. Les caresses varient à l'infini et expriment une très vaste gamme d'émotions, elles appartiennent au langage de tous les amours : désir, passion, affection apaisent, réveillent ou stimulent.

La mythologie abonde de récits dans lesquels le toucher tient une place prépondérante. Le mythe d'Éros et de Psyché est révélateur !

> **Éros et Psyché**
>
> La beauté Psyché est telle qu'Aphrodite, dévorée de jalousie, conçoit une horrible vengeance. La déesse envoie son fils Éros pour jeter un sort à Psyché : elle doit s'éprendre de la créature la plus laide qu'on puisse trouver… Peine perdue ! Éros tombe amoureux et sa cruelle maman exige le sacrifice rituel de la belle Psyché. Mais, désobéissant à la marâtre, Éros sauve la belle, l'enlève et la conduit en son château magique. Psyché doit cependant promettre de ne jamais chercher à le voir. Pourtant, elle en brûle de désir, car, sous ses caresses, elle dessine la divine beauté de son amant ! La curiosité sera la plus forte et, après de nombreuses aventures, effrayantes autant que périlleuses, l'amour triomphera !

Le toucher est souvent associé à l'obscurité, la littérature populaire souligne très souvent le fait que, dans le noir, ce sont les mains qui parlent, les corps qui s'expriment, comme libérés des contraintes du regard.

Dans l'univers fétichiste, certains vêtements exaltent le désir par la sensation qu'ils procurent en les portant ou quand on les touche : les bas, la lingerie fine, la soie, les dentelles, mais aussi le cuir ou le latex…

Le goût et l'odorat

Il s'agit d'un même type de perception et les deux peuvent déclencher ou inhiber le désir. Dans le monde animal, les partenaires sexuels se rejoignent, attirés par des odeurs ; le rôle des phéromones a été prouvé chez de nombreux mammifères, notamment les rats, mais il faut se garder de faire un amalgame avec les humains.

Les phéromones humaines existent pourtant, on leur attribue la synchronisation des cycles féminins dans les groupes.

> **Le comportement humain**
>
> Le professeur Barry Keverne[1], de la Société britannique de neuro-endocrinologie, explique que le comportement humain ne dépend pas d'un seul sens. Le néocortex, ultime évolution du cerveau, permet de traiter très rapidement des informations provenant de toutes les voies sensorielles. C'est pourquoi, il paraît peu probable que les phéromones jouent chez l'homme un rôle semblable à celui qu'on observe chez les animaux.

■ Parfums, goûts et odeurs

Ils participent à la sensualité et stimulent le désir. Pourtant, les odeurs corporelles sont souvent interprétées de façon péjorative et l'on tend à leur préférer parfums et autres déodorants. Dans certaines cultures, l'odeur de la sueur est vécue comme une nuisance, dans d'autres, les parfums sont interdits. La notion de « nuisance » olfactive s'installe peu à peu dans nos références.

> **La « nuisance » olfactive**
>
> Il existe des entreprises ou des institutions en Amérique du Nord, qui interdisent de se parfumer, car cela peut incommoder certaines personnes.

Parfum et péché sont intimement liés, et l'interdit en renforce la puissance érotique. La plus grande subjectivité règne, car l'odeur qui en stimule certains en éloigne d'autres, et ceci s'inscrit dans un contexte culturel. L'écrivain Colette détestait le parfum de la lavande, c'était pour elle un véritable remède contre l'amour, la vanille ou le patchouli traduisaient bien mieux à son goût l'éveil et le bonheur des sens.

Le rôle des représentations mentales

Le cerveau capte les perceptions sensorielles et les interprète. Les représentations mentales résultent de ce traitement des informations. Une expérience qui se répète devient une généralisation, puis une croyance

---

1. Unité de recherche sur le comportement animal, département de zoologie à l'Université de Cambridge, Grande-Bretagne.

et, face à une situation dont seuls les grands traits sont identifiés, elle va peu à peu remplacer la réalité. Une seule expérience pénible suffit parfois pour donner lieu à une généralisation. Quelquefois, des croyances s'imposent sans aucun vécu personnel : le témoignage d'une tierce personne, des informations glanées ici et là le remplacent.

Une femme qui croit que l'acte sexuel est un rapport de force auquel il n'est guère possible d'échapper a peu de chances d'y trouver du plaisir...

Les représentations mentales sont souvent à l'origine de conflits de couple ou de simples mésententes. L'affection, le désir et la passion, ces ingrédients de l'amour que nous avons évoqués au chapitre 2, s'ajoutent aux représentations mentales de chacun. Dans le couple, quand les attentes de chacun se révèlent trop décalées, les mésententes ne tardent pas. En général, le verbe « aimer » a un sens différent pour chaque personne, et les attentes des hommes et des femmes ne sont pas identiques.

Représentations mentales et rencontres

Les chances de rencontre subissent aussi l'influence de modèles et beaucoup de gens, prisonniers de telles références, ont du mal à rencontrer un(e) partenaire. Le problème s'organise autour de deux axes, d'une part, la représentation de soi et, d'autre part, les limites que celle-ci impose dans le choix de l'autre.

La représentation de soi, dévalorisée ou surestimée exclut de rencontrer des partenaires jugés trop décalés par rapport à soi. La crainte de se sentir en position d'infériorité par rapport à un(e) partenaire dissuade de s'engager dans une relation.

De ce fait, il existe souvent une représentation très précise de la personne désirée : la fiancée idéale n'existe pas davantage que le prince charmant qui, au final, se révèle n'être qu'un gentil crapaud. Le prince apparaît d'autant plus charmant qu'il reste inaccessible, sans doute réserve-t-il ses élans amoureux pour une princesse tout aussi irréelle que lui.

Plus les critères de choix sont précis, moins la rencontre est possible, car des représentations plus ou moins conscientes influencent ce choix.

> **Choisir son conjoint**
>
> Le sociologue Alain Girard[1] a démontré que les gens choisissaient leur conjoint avec un critère de ressemblance et de proximité. Des travaux récents, à propos des rencontres réalisées par l'Internet, confirment l'importance et la persistance de cette homogamie. Les facilités de brassage socioculturel ne seraient-elles qu'une façade masquant des représentations mentales constantes au travers des siècles ?

Les agences matrimoniales comme les sites de rencontre sur Internet demandent à leurs adhérents de fournir des informations de plus en plus précises et détaillées pour augmenter leurs chances de trouver « l'âme sœur ». C'est un moyen de repérer les grands traits qu'on s'attend à trouver chez l'autre et que l'épreuve de la réalité devra ensuite valider.

Représentations mentales et fantasmes

Les représentations mentales jouent des rôles multiples dans la sexualité humaine et viennent peupler les univers fantasmatiques. Il peut s'agir d'images issues d'une expérience personnelle ou provenant d'un livre, d'un film, d'une revue, d'un site Internet... Intimement associées au désir sexuel, ces images ont le pouvoir de l'éveiller, même en dehors d'une situation amoureuse.

Tout le monde a des fantasmes, même s'ils ne s'expriment pas à travers les mêmes images. Généralement, les fantasmes des hommes n'émeuvent guère les femmes. Ils mettent en scène des femmes imaginaires : filles soumises à tous leurs caprices ou encore initiatrices expertes et coquines, toutes jouant des rôles assez stéréotypés pour révéler leur source !

Le fantasme associe la pensée à l'excitation ou au plaisir sexuel. C'est une construction mentale...

---

1. Girard Alain, *Le choix du conjoint. Une enquête psycho-sociologique en France*, PUF, 1964.

> **Un fantasme récurrent**
>
> Plus de 50 % des Français de 18 à 35 ans rêvent de faire l'amour en plein air : plage, campagne. C'est leur fantasme favori. Faire l'amour avec deux femmes, conquérir une jeune fille effarouchée et s'abandonner à une maîtresse experte viennent ensuite compléter cette liste.

Les fantasmes féminins

Pour les femmes, l'aspect relationnel de la sexualité l'emporte de loin sur le pulsionnel et le compulsif. Il arrive que certaines femmes adoptent des rôles fantasmatiques que les hommes ont imaginés : femme prédatrice, chasseresse, ivre de désir, ne pensant qu'à sa satisfaction.

Bien que certaines femmes adoptent un langage et une attitude en rapport avec ces représentations, dès que l'on regarde de plus près que voit-on ? Ce prince charmant, romantique et doux, qui ne tarde guère à revenir à son état initial de crapaud, passés les premiers émois...

En réalité, rien n'empêche une femme de se construire son propre univers fantasmatique. Toute création s'élabore en soi, à l'aide d'ingrédients divers, dans lesquels le plaisir de son partenaire exerce une influence indéniable.

Les entraves au désir

La pensée façonne la sexualité, et son action dépend à la fois du vécu personnel de chacun, mais aussi d'éléments extérieurs. La culture, les traditions, l'appartenance sociale s'associent pour former un contexte particulier de valeurs, de croyances auxquelles les membres d'un même groupe social se réfèrent.

Facteurs socioculturels

Depuis des siècles, les religions se sont appliquées à modeler les comportements de leurs croyants, jusqu'au cœur de leur intimité. Cette notion même d'intimité, si importante dans la société occidentale, n'existe pas dans d'autres cultures, où, quand elle existe, son sens est très différent. Quelle peut être l'intimité d'un couple qui partage l'habitation d'une famille élargie à sept ou huit personnes ?

Si l'on observe les différentes contraintes religieuses judéo-chrétiennes sur la sexualité, on constate qu'elles tendent à imposer un modèle « utile » opposé à un modèle hédoniste. Dans cette optique, les pratiques sexuelles orientées vers le plaisir devront être réprimées et seuls les comportements productifs de la sexualité seront légitimés.

De nos jours, la religion chrétienne admet que l'harmonie sexuelle dans un couple est un élément essentiel, mais il n'est toujours pas question de faire quelques essais. La découverte de la sexualité ne s'entend qu'une fois le mariage prononcé.

Un tableau répressif

La répression sexuelle s'est exercée, et continue de le faire dans certaines cultures, surtout à l'encontre des femmes, qu'on suppose porteuses d'une promesse de plaisir, de sensualité, propre à détourner l'innocent mâle de tâches plus viriles.

Les hippies affirmaient : « *faites l'amour, pas la guerre* ». Ils transmettaient donc un message très subversif, rejetaient avec détermination un monde d'efforts, de sacrifices et de souffrances promus au rang d'idéaux.

Les facteurs sociaux ne sont pas absents du tableau répressif. Certaines catégories sociales imposent des modèles très stricts, d'autant que les couples ne se forment pas en fonction d'affinités individuelles, mais d'ententes, de pactes et de traités entre les familles. Le mariage établit un couple d'intérêts et, pourvu que les convenances soient respectées, les aventures extraconjugales ne manquent pas d'en ponctuer un quotidien, souvent peu gratifiant.

Représentations mentales inhibantes

Dans le chapitre 1, nous avons présenté brièvement les aspects anatomiques et physiologiques, car l'ignorance ou la méconnaissance du corps entraîne des représentations mentales erronées, souvent péjoratives qui, à terme, sont responsables de nombreux problèmes sexuels.

Le corps diabolisé et suspect s'inscrit souvent en toile de fond des inhibitions sexuelles.

Question/Réponse

Élodie, 22 ans : « *J'ai 22 ans, et mon ami 23, nous nous entendons très bien sauf sur un point, je ne veux pas qu'il me voie nue. Quand nous faisons l'amour, je veux que ce soit dans l'obscurité. En fait, je déteste mon corps et je ne veux pas qu'il me voie. S'il insiste pour garder la lumière allumée, je n'arrive pas à jouir... Cela me fait souffrir, surtout que je me sens coupable de lui refuser quelque chose...* »

En avez-vous parlé à votre ami ? Ne laissez pas un malentendu gâcher votre relation. Beaucoup de jeunes femmes n'aiment pas leur corps, cela vient en partie de l'éducation et de certaines images de la beauté qui nous sont imposées par les médias. Une visite dans un musée vous permettrait de relativiser votre image mentale de la beauté. Les femmes qui ont inspiré les plus grands artistes ne seraient sans doute pas du tout à la mode de nos jours.

Parfois, le comportement de l'autre déclenche des représentations qui refroidissent le désir. Une grande partie des représentations mentales négatives provient de l'histoire personnelle. L'apprentissage de soi, la découverte de son corps, de son sexe ou de la relation à l'autre peut constituer une ressource comme une entrave.

Pour que naisse le désir, l'attrait de l'autre doit l'emporter sur d'éventuelles images négatives liées à la peur de l'inconnu comme à la prise de risque que constitue la relation sexuelle. Ce n'est pas qu'une affaire de mécanique sexuelle, mais bien la rencontre de deux êtres, de deux personnalités, deux histoires, possédant l'un comme l'autre des points communs et des différences.

André et Ursula, 40 ans

André et Ursula, lui français, elle allemande, enseignants l'un comme l'autre, sont mariés depuis 10 ans. Ils s'aiment, mais se disputent souvent, se comprennent mal, se rendent malheureux, leur vie sexuelle devient un enfer de frustration.

André témoigne : « Je n'éprouve plus de désir pour Ursula je comprends qu'elle en souffre, elle se sent dévalorisée et délaissée. Elle parle parfaitement le français, mais sa voix me glace... Et dès que je fais une plaisanterie, elle croit que je me moque d'elle, alors ça dégénère en dispute. J'ai honte, mais je me sens agressé quand elle parle, cela me coupe tout désir... »

Limites du projet fusionnel

Les limites du projet fusionnel représentent une lourde entrave à l'expression du désir, notamment pour la femme. Si le « projet » fusionnel suffit à provoquer le désir de la femme, elle rencontre tôt ou tard le désir d'enfants. Les rapports sexuels sont alors justifiés, car inscrits dans ce projet.

Ce n'est qu'après, aux alentours de la quarantaine, les attentes et désirs premiers étant satisfaits que beaucoup de femmes entrent dans des stratégies d'évitement du rapport sexuel : migraine, fatigue, manque de temps...

Question/Réponse

Chantal, 40 ans : « *Je vis avec mon compagnon depuis 8 ans. J'ai deux filles adolescentes de mon premier mariage et un garçon de 6 ans. Tous mes enfants sont nés par césarienne et, pour le dernier, je l'ai très mal vécu. J'ai eu également une ligature des trompes. Depuis lors, je n'ai plus envie de faire l'amour. Les caresses de mon compagnon m'énervent, je ne supporte plus qu'il s'approche de moi ! J'ai peur qu'il me quitte, je me sens coupable de ne pas être normale. Avant mon troisième enfant, tout allait bien. Que faire ?* »

Une ligature des trompes n'a aucun effet sur l'aspect physique de votre sexualité. Votre absence de désir est certainement d'origine psychologique. Les causes, complexes, concernent votre propre expérience, celle de votre partenaire et votre relation. C'est l'envie de jouer avec son partenaire qui motive une sexualité épanouissante. Or, les conditions de vie, les responsabilités, le stress, les horaires, la fatigue, les difficultés professionnelles ou matérielles empêchent de rester disponible pour mener une vie sexuelle satisfaisante. Toutes ces contraintes gênent ou bloquent le processus érotique : le désir diminue, puis disparaît. Il y a encore quelques décennies, beaucoup de femmes ne mobilisaient leur désir sexuel que par le désir de grossesse, mais ce n'est plus le cas… Il serait urgent de dédramatiser la situation. C'est le manque de disponibilité qui perturbe votre vie sexuelle. Il faut y remédier, en prenant plus de temps pour penser à vous et à votre couple… Se retrouver dans un cadre différent du quotidien, un week-end, une escapade à deux peut vous faire retrouver l'ambiance ludique qui vous manque actuellement.

Il existe toutefois des femmes qui continuent d'éprouver du désir tout au long de leur vie, sans qu'il soit possible de définir des différences physiques ou physiologiques par rapport à celles qui perdent leur désir.

La différence ne se situe pas sur ce plan ; toutes les femmes peuvent éprouver du désir et accéder à une jouissance optimale lors des rapports sexuels.

Une découverte fondamentale permet d'identifier avec précision ce qui différencie les femmes désirantes des non désirantes. Cette découverte s'appuie sur des travaux portant sur le langage et la pensée analogique, nous les développerons dans la partie 3.

Chapitre 5

Les problèmes sexuels les plus fréquents

L'épanouissement sexuel se heurte parfois à des obstacles que la médecine permet de mieux comprendre et de surmonter. Les aspects psychologiques se mêlent aux symptômes organiques et entretiennent une inquiétude qui, à son tour, engendre des problèmes. C'est pourquoi les dysfonctions sexuelles doivent être prises au sérieux et traitées rapidement. Ce chapitre présente les manifestations, les causes, le diagnostic et le traitement des problèmes sexuels les plus fréquents de l'homme et de la femme.

Dysérections

On ne parle plus d'impuissance à l'heure actuelle, ce mot a pris une connotation trop péjorative. On utilise le terme scientifique de *dysérection*, plus précis. Familièrement, on parle de « panne sexuelle », mais ce mot renvoie à une conception mécanique et simpliste de la sexualité.

 La dysérection : l'homme se trouve dans l'incapacité d'obtenir ou de maintenir une érection suffisante pour permettre un rapport sexuel complet, avec possibilité de pénétration.

Il ne faut pas confondre la dysérection avec l'éjaculation prématurée qui peut avoir pour conséquence d'empêcher la pénétration du fait de la perte d'érection qui suit l'éjaculation.

La dysérection est un trouble rarement primaire, plutôt secondaire. Il apparaît généralement après une période de vie sexuelle satisfaisante, au cours de laquelle l'érection survient par une stimulation comme un fantasme, une image mentale personnelle ou par la masturbation ou bien encore la vue d'une personne sexuellement attrayante ou désirable !

Mécanismes de l'érection

Avant d'aborder les troubles de l'érection, il s'agit d'en comprendre les mécanismes de fonctionnement. Délibérément, nous avons choisi de simplifier l'explication, car les mécanismes intimes de l'érection sont compliqués.

Schématiquement, il faut réunir quatre conditions pour que l'érection se produise :

- un organe sexuel, le pénis, en bon état de fonctionnement ;
- une commande : le cerveau capable d'envoyer les signaux appropriés ;
- une transmission : les vaisseaux et les nerfs qui apporteront les signaux au pénis ;
- un climat hormonal favorable : les testicules secrètent une hormone, la testostérone, indispensable au bon fonctionnement de l'ensemble.

Nous savons (*cf.* chapitre 1) que le pénis est constitué de deux corps caverneux qui, au moment de la stimulation sexuelle vont se remplir de sang, assurant ainsi sa rigidité. L'intérieur des corps caverneux est constitué de travées de musculature lisse, un peu comparable à celle qui tapisse la paroi des vaisseaux sanguins. Le relâchement de ces muscles intracaverneux et des artères correspondantes permet le remplissage des corps caverneux. Cela se déroule en deux étapes :

- une phase de gonflement : la tumescence ;
- une phase de rigidité.

En effet, les corps caverneux sont entourés d'une membrane extensible mais non élastique : l'albuginée. Pour se faire une idée du rôle de l'albuginée, il suffit de se rappeler les ballons de football d'autrefois : ils étaient constitués d'une chambre à air élastique, placée à l'intérieur d'une enveloppe de cuir « rigide ». Pour en assurer le fonctionnement, il faut que cette musculature lisse fonctionne, que les artères ne soient pas bouchées et que la transmission nerveuse du signal de détente puisse se faire.

■ La transmission nerveuse du sexe

Elle dépend essentiellement du système nerveux autonome, ou involontaire, et s'effectue grâce à la sécrétion de certaines substances chimiques, les neurotransmetteurs.

 Le système nerveux autonome : pilote, sans le recours de la volonté, des mécanismes physiologiques comme la circulation ou la digestion. On le différencie du système nerveux cortical dont le pilotage est conscient et volontaire et qui dirige, par exemple, les gestes, la marche et les actions volontaires.

Ces substances sont nombreuses et variées, mais pour les problèmes d'érection et pour comprendre la sexualité, nous nous intéressons spécialement à l'adrénaline, à la dopamine, ainsi qu'au monoxyde d'azote (NO). Évoquées au chapitre 1, ces substances jouent un rôle déterminant dans l'érection.

■ Rôle des neurotransmetteurs

Pour que l'érection puisse se faire, il faut d'abord que l'adrénaline diminue et que l'on soit détendu ! Ce qui n'est pas toujours évident, car les peurs ou les angoisses ne sont pas toujours la conséquence d'un danger extérieur, mais celle de notre imagination.

La dopamine, entre autres fonctions, est le neurotransmetteur de l'excitation sexuelle. Sécrétée par le cerveau, elle déclenche une chaîne de réactions dont la sécrétion du monoxyde d'azote (NO), qui est le plus puissant vasodilatateur naturel du corps. Ce dernier va provoquer, en utilisant des mécanismes complexes, un relâchement des fibres musculaires lisses intracaverneuses et permettre l'érection.

En simplifiant, pour que l'érection se fasse, il faut une diminution de l'adrénaline et une augmentation de la dopamine.

De bonnes conditions physiques et psychologiques

Ainsi l'érection dépend-elle d'un bon fonctionnement organique (mécanique) et psychique.

■ Sur le plan organique

Il faut que le tissu érectile ait conservé ses propriétés d'extensibilité : une bonne imprégnation hormonale, une bonne vascularisation, une bonne innervation. Dans le cas contraire, ce tissu subit une involution, devenant fibreux, inextensible. La qualité des érections diminue, elles peuvent parfois être douloureuses ; la rigidité est impossible.

Les érections matinales et nocturnes, survenant au cours du sommeil paradoxal, ont pour but d'entretenir la fonctionnalité des corps érectiles. Nous verrons plus loin quelles sont les maladies responsables de la pathologie des corps érectiles.

L'érection

Pour que l'érection soit possible, il faut que :
- les artères ne soient pas bouchées ;
- les nerfs ne soient pas coupés et que la conduction nerveuse soit bonne ;
- les testicules fabriquent suffisamment de testostérone ;
- le cerveau puisse envoyer les signaux commandant la sécrétion des neuromédiateurs.

■ Sur le plan psychologique

Toute situation de dépression nerveuse, de stress ou d'anxiété, à laquelle peut s'associer une insuffisance ou une absence d'excitation sexuelle, peut être responsable d'une dysérection.

Les causes psychologiques responsables de dysérection se groupent en quatre catégories de problématiques :

▶ une problématique névrotique personnelle comme l'anxiété et la dépression ;

▶ une problématique conjugale : une mésentente ;

▶ une problématique familiale : difficultés avec les parents ou les enfants ;

▶ une problématique socioprofessionnelle : chômage, licenciement.

Diagnostic

Comment savoir si le problème a une origine plutôt physique ou psychologique ou si les deux s'associent comme c'est le plus souvent le cas ?

Le médecin spécialisé en la matière, ou le médecin généraliste traitant, commence par poser un certain nombre de questions pour chercher des indices : autres maladies, prescription de certains médicaments, consommation de certaines substances comme le tabac, l'alcool ou autres drogues.

L'examen clinique permet de préciser le diagnostic étiologique (cause) ; le médecin peut prescrire d'autres examens : analyses de sang, doppler (examen par ultrasons) des vaisseaux sanguins. En général, ce dernier est effectué après injection, dans les corps érectiles, de PgE1 (ou prostaglandines) qui a pour effet de provoquer une érection. Des examens plus spécialisés sont parfois nécessaires dans quelques cas.

L'origine des troubles est psychique

Dans la majorité des cas, et surtout avant 50 ans, l'origine des troubles est psychique : une angoisse de l'échec qui s'auto-entretient suffit à faire durer une panne, qui finit par devenir obsessionnelle.

L'érection relève d'une mécanique involontaire. Si on la surveille ou si on essaie de la provoquer volontairement, on maintient un tonus sympathique adrénergique inhibiteur. L'érection fonctionne comme le Solex. Sur ce dernier, il n'y a pas d'accélérateur, mais un frein et il faut lâcher le frein pour accélérer !

L'origine des troubles est une insuffisance veineuse

Après 50 ans, si les causes psychiques restent importantes, nous pouvons découvrir une insuffisance de la circulation du sang : l'artériopathie est une cause très fréquente. Des maladies comme le diabète, l'hypercholestérolémie, l'hyperuricémie (la goutte est le résultat d'une augmentation de l'acide urique dans le sang), le tabagisme, l'abus d'alcool sont souvent responsables d'artériopathie.

La coronaropathie

La dysérection d'origine vasculaire est un signe précoce devant faire rechercher une coronaropathie (maladie des artères coronaires du cœur).

Il existe bien d'autres maladies qu'il serait trop long de citer ici. Les médecins les connaissent et savent les identifier !

L'origine des troubles est une neuropathie traumatique

Elles correspondent à la section de la moelle épinière ou des nerfs érecteurs, à la suite d'un accident de voiture ou d'une chirurgie pour soigner un cancer de la prostate ou du rectum, des neuropathies dégénératives comme la sclérose en plaque ou le diabète, des neuropathies toxiques comme l'alcoolisme.

La disparition des érections matinales et nocturnes

Après l'ablation de la prostate suite à un cancer (adénomectomie radicale) avec section ou non des bandelettes nerveuses, il faut éviter la dégénérescence fibreuse à caractère définitif des corps érectiles, en injectant régulièrement et rapidement dès quinze jours après l'intervention de petites doses de prostaglandine (PgE1) pour pallier la disparition des érections matinales et nocturnes.

L'origine des troubles est une insuffisance en testostérone

Cette dernière diminue régulièrement et très lentement, dès 25-30 ans, avec des variations individuelles importantes. Un stress physique ou psychique aura tendance à la faire baisser, en revanche, les vacances au soleil avec un ou une partenaire désirable la fera monter.

Enfin, certaines maladies du cerveau comme la maladie de Parkinson peuvent être responsables de dysérection.

Traitements

La meilleure attitude à avoir lorsque l'on est confronté à une panne sexuelle qui a tendance à se répéter est de consulter rapidement. Cette rapidité est essentielle, car elle permet, d'une part, de découvrir s'il existe une maladie plus grave mettant la vie en jeu et, d'autre part, d'éviter que ces troubles sexuels ne durent pas dans le temps ou deviennent définitifs.

> **Pathologies organiques responsables de dysérection**
> - Les pathologies vasculaires, comme l'athérosclérose.
> - Les pathologies altérant le fonctionnement des corps caverneux, comme la dégénérescence fibreuse des fibres musculaires lisses intra-caverneuses, complication du diabète.
> - Les pathologies endocriniennes comme le DALA (déficit androgénique lié à l'âge).
> - Les pathologies iatrogènes : certains médicaments peuvent être responsables de troubles de l'érection. Il ne faut pas oublier non plus les éventuelles conséquences de la chirurgie ou de la radiothérapie du petit bassin.
> - Les pathologies neurologiques : neuropathies, sclérose en plaque, etc.
> - Les pathologies psychiatriques qui se situent, pour certaines, à la frontière de l'organique et du psychologique.

Les traitements non spécifiques

Pour être systématique, on commence par traiter toutes les maladies qui peuvent être, entre autres, responsables de troubles de l'érection. On comprend bien qu'il faut commencer par traiter le diabète si celui-ci est découvert ou bien la dépression nerveuse si elle est diagnostiquée.

Les traitements spécifiques

Les traitements hormonaux : les androgènes par voie injectable ou par voie percutanée.

Les IPDE5.

La PgE1 ou prostaglandine.

Ces deux dernières classes de médicaments provoquent une relaxation des muscles lisses intracaverneux, selon des modalités différentes :

- le vacuum, ou pompe à vide, est peu apprécié par les « latins » ;
- quant à la chirurgie avec mise en place d'implant pénien, son indication est devenue très limitée et beaucoup plus rare.

Les traitements psychologiques

Les thérapies cognitives et comportementales ainsi que l'hypnose semblent les seules capables d'apporter une amélioration réelle et même une disparition complète du trouble.

En l'état actuel de nos connaissances, tous les autres traitements ont peu ou pas d'effet. Enfin, il faut rester très prudent avec les médicaments vendus sur Internet car il n'y a aucune garantie sur leur efficacité ou leur absence de toxicité.

Éjaculation prématurée

L'expression « éjaculation précoce » a servi à traduire *premature ejaculation*, utilisée par Masters et Johnson pour décrire une plainte sexuelle des plus frustrantes.

 L'éjaculation précoce : émission de sperme qui survient prématurément ou avant le temps. De 25 à 75 % des hommes présentent une éjaculation prématurée ; la différence vient des auteurs et des critères.

L'éjaculation survient trop vite pour que les partenaires puissent prendre plaisir à l'acte sexuel et surtout parvenir à l'orgasme, cette crise voluptueuse, conclusion extatique tant souhaitée. L'idée de « prématurité » se définit à travers deux critères : la durée du rapport et la « normalité » biologique.

Un trouble sexuel

Pour la sexologie, l'éjaculation précoce est le trouble sexuel masculin le plus fréquent.

Le niveau biologique

L'homme est biologiquement déterminé à éjaculer en moins de 2 minutes, ce qui suffit pour la reproduction, mais non pour l'épanouissement sexuel. L'éjaculation précoce peut être primaire ou secondaire, apparue dès les premiers rapports sexuels ou au cours d'une vie sexuelle active et satisfaisante jusque-là.

En d'autres termes, combien de temps doit durer l'acte sexuel pour arriver au plaisir, sachant que la durée « normale », c'est-à-dire biologique, orientée vers un but procréatif, est très brève ?

■ Le niveau relationnel de la sexualité

S'il est aisé de définir une « normalité » biologique (des études récentes donnent une durée moyenne de 5 minutes et 40 secondes), définir avec précision la bonne durée, se heurte à un obstacle majeur : il n'y a pas de « bonne » durée en soi, tout dépend des partenaires, de la qualité relationnelle et d'une foule d'autres détails. On ne pourra affirmer que l'éjaculation est précoce ou prématurée sans évoquer un troisième axe de réflexion : l'altérité ou la relation à l'autre, critère absolu de l'évaluation qualitative de la satisfaction et du plaisir de chaque partenaire.

Enfin, le sens et la valeur attribués au plaisir jouent un rôle de premier plan, même si ces notions demeurent non dites.

La durée « optimale » du rapport sexuel, envisagé sous l'aspect d'une évaluation qualitative, sera celle qui permet d'accéder pleinement au plaisir pour chaque partenaire.

Origines du trouble

L'éjaculateur précoce se présente alors comme celui qui ne peut accomplir ce plaisir partagé, quelles qu'en soient les raisons : incapacité, impossibilité, absence de volonté, de désir, etc.

■ Réalités biologiques

Nous savons que l'homme est naturellement programmé pour éjaculer en moins de deux minutes puisque la fonction essentielle de l'éjaculation est la reproduction. Nous savons également qu'elle s'associe à un orgasme, sensation voluptueuse secondaire à la sécrétion cérébrale d'endorphines.

■ Conséquences de ces réalités

On comprend alors facilement que l'homme ait voulu répéter l'acte jusqu'à en devenir, pour certains, parfois totalement dépendant. En excès, cela devient une véritable addiction aux endorphines, et non au sexe. L'homme découvre par hasard que ne pas éjaculer rapidement pouvait être source d'autres plaisirs : le plaisir de jouer avec son excitation, celle de la partenaire et aussi déclencher un phénomène nouveau, très gratifiant pour lui : l'orgasme féminin.

> **La durée de l'acte sexuel**
>
> Les cultures traditionnelles de l'Inde et de la Chine connaissent le phénomène depuis des siècles, le Tantra comme le Tao décrivent minutieusement comment faire durer l'acte sexuel. La notion d'une éjaculation trop rapide n'a pu apparaître à la conscience du monde occidental qu'avec l'émancipation féminine et a trouvé son point d'orgue avec les travaux de Seemans et de Masters et Johnson qui en ont fait une pathologie sexuelle, alors que c'est un phénomène parfaitement naturel !

Mais ne pas éjaculer, c'est pouvoir resté connecté à l'autre dans une tentative de fusion qui, quoique symbolique, peut devenir réelle dans son vécu subjectif. L'acte sexuel a pour objectif premier la relation à l'autre ; la jouissance y prend sa source. La durée de l'acte qu'on prolonge à volonté devient une nécessité, sa brièveté une anormalité, voire une pathologie.

Éjaculation prématurée et masturbation

L'homme découvre le plus souvent sa sexualité lors de la masturbation, ce qui va déterminer un ensemble de constructions mentales représentatives du futur déroulement de l'acte sexuel.

Ainsi, ayant appris à caresser son sexe avec sa main, il continuera à faire la même chose lors des rapports sexuels. Il a simplement remplacé la main par le vagin féminin ! Centré sur son excitation et son plaisir, l'éjaculation survient rapidement. La sensation se développe essentiellement sur le mode proprioceptif (sensations de sources intérieures) et non extéroceptif (sensations de sources extérieures).

■ Angoisse de l'échec ou de la performance

L'homme jeune tente de remédier à cette excitation trop explosive, en multipliant les rapports ou en « remettant le couvert » ou encore en faisant usage d'alcool ou de comportements ou de pensées parasites.

Très rapidement, la prise de conscience de cette excitation non maîtrisée va développer une angoisse de l'échec ou de la performance, facteur aggravant de son éjaculation prématurée.

Cette prise de conscience est très influencée par le discours médiatique, qui tente de définir une « normalité » sexuelle arbitraire, culturelle. Nombreux sont ceux qui aiment la musique, moins nombreux sont les musiciens et encore moins les artistes ! C'est un peu la même chose pour le sexe qui est un merveilleux instrument lorsque l'on sait en jouer.

Des représentations mentales erronées

Généralement, l'homme possède une représentation non pertinente du fonctionnement de son sexe et du rapport sexuel, ce qui le conduit à chercher une solution là où elle ne se trouve pas. Il développe alors un ensemble de fausses croyances qui brouillent les pistes et aggravent le problème.

Par exemple, beaucoup d'hommes croient que, s'ils éjaculent trop rapidement, ce n'est qu'une question d'hypersensibilité du gland et du pénis. Ils imaginent que s'ils étaient moins sensibles, ils pourraient « tenir » plus longtemps, d'où l'usage de préservatifs, de gel anesthésiant qui sont le plus souvent inefficaces.

En effet, notre véritable organe sexuel est notre cerveau, c'est donc à partir de là qu'on pourra comprendre et surmonter l'éjaculation prématurée. Quel intérêt d'avoir un instrument de musique sans être un minimum musicien !

Bien sûr, il est toujours possible de jouer un morceau plutôt désagréable, mais où est le plaisir ?

■ Les interprétations de la psychanalyse

La psychanalyse fait appel à certains mythes pour étayer son hypothèse de l'effroi que le sexe de la femme suscite chez l'homme. On trouve en effet des contes qui mettent en scène des vagins munis de dents, s'échappant la nuit pour croquer leurs proies… On comprend dès lors que ce terrifiant vagin denté soit responsable d'une angoisse de castration, soumettant l'homme au dilemme de satisfaire ses pulsions génésiques au risque de perdre son pouvoir symbolisé par son sexe, la seule issue étant pour lui la rapidité du coït, mais que penser alors de l'homosexuel ? Il pourrait aussi s'agir selon le dogme freudien de la prévalence de tendances prégénitales sur les tendances génitales.

■ Et celle des cognitivistes

Cette approche préfère invoquer la responsabilité d'un apprentissage défectueux et traduit l'expression « éjaculation précoce » par « absence ou défaut d'apprentissage du contrôle de l'excitation sexuelle ». Cette dernière étant responsable lorsqu'elle atteint un seuil, de la survenue de l'éjaculation.

Cette interprétation est justifiée à partir du moment où l'on considère la rapidité comme physiologique ou naturelle, en regard des déterminismes biologiques. Dans ces conditions, l'éjaculation précoce correspond à une mauvaise adaptation à la position socioculturelle en cours en Occident.

Le point de vue médico-pharmacologique

L'éjaculation précoce résulte d'un trouble affectant le réflexe éjaculatoire, activé par le système limbique et modulé par les centres supra-corticaux. Cette activation et cette modulation font intervenir des neurotransmetteurs, comme l'adrénaline et la sérotonine. La recherche et l'usage de drogues chimiques ayant une action sur cette neurotransmission apparaissent, ici, comme la solution au trouble et, de là, un moyen de compréhension des mécanismes sous-jacents.

■ L'interprétation médico-psychologique

Une autre interprétation médico-psychologique du symptôme fait appel à la notion de sensibilité proprioceptive et extéroceptive. Sur le plan physiologique, l'homme se caresse le pénis avec le vagin féminin ou son équivalent et, dans ces conditions, il est centré sur son plaisir. Mais, s'il caresse le vagin avec son pénis, il devient alors attentif aux perceptions extéroceptives, c'est-à-dire au plaisir du partenaire.

> **Éléments déclenchant l'éjaculation précoce**
>
> L'angoisse de l'échec ou l'angoisse de performance s'ajoute aux tourments œdipiens et autres misères existentielles, comme autant d'éléments déclenchant ou aggravant l'éjaculation précoce. Il n'y a probablement pas une, mais des éjaculations prématurées, chacune répondant à une ou plusieurs de ces interprétations théoriques.

Cette analyse physiologique du symptôme sexuel a un corollaire psychologique : attitude réceptive ou passive pour la notion de proprioceptivité et attitude active, voire « agressive », pour l'extéroceptivité. Dans cette perspective, la façon dont l'homme va utiliser son « instrument » phallique détermine ou non la précocité de son éjaculation.

Vaincre l'éjaculation prématurée

La maîtrise de l'éjaculation n'est pas naturelle, mais le fruit d'un apprentissage qui vise d'abord à modifier le « mode d'emploi », c'est-à-dire les représentations. On comprend aisément pourquoi certaines approches demeurent généralement inopérantes, car elles n'abordent pas réellement le problème, mais ses pseudo-causes (approches psychanalytiques).

Si nous comparons le corps de la femme a un violoncelle, son sexe aux cordes de celui-ci, le pénis de l'homme en est l'archet alors qu'il est le musicien. La musique vient du violoncelle, même si elle est produite par l'archet. Cette métaphore indique où doit se porter l'attention, l'écoute de l'homme.

De manière plus triviale, il s'agit pour lui d'apprendre à caresser le vagin avec son pénis plutôt que de caresser son pénis avec le vagin, mais là où cela se complique un peu, c'est qu'il doit être capable, comme tout bon musicien, d'avoir surmonté la technique. Jouer de cette façon procure la liberté de jouir sans entrave. Il y a, cependant, une réserve à faire : il faut que le violoncelle ait des cordes, en d'autres termes, que la partenaire soit réactive !

■ Les stratégies de la sexologie

Certaines thérapies qualifiées de « sexo-corporelles » ou de « psycho-corporelles » utilisent des méthodes traditionnelles comme la respiration volontaire, le « yoga » sexuel, le Tantra... Mais le médecin sexologue peut aussi prescrire certaines substances médicamenteuses, en l'occurrence une classe de médicaments antidépresseurs : les sérotoninergiques.

Les approches cognitives comme l'hypnose sont une voie d'excellence pour résoudre les problèmes sexuels, car elles permettent de changer le « mode d'emploi » et son application. Comme l'éjaculation prématurée résulte d'un apprentissage incomplet ou défectueux, il apparaît qu'il sera d'autant plus facile de changer le mode d'emploi que les mauvaises habitudes ne sont pas trop anciennes ; la jeunesse facilite les choses.

> **Les entretiens cognitifs**
>
> Les approches cognitives se déroulent sous forme d'entretiens, auxquels sont associés des préconisations et des conseils à mettre en œuvre. Généralement, un entretien permet de recadrer les représentations mentales, d'utiliser les métaphores appropriées et de se remettre sur la bonne voie pour redémarrer un apprentissage réellement efficace.

L'hypnose, quant à elle, permet d'accéder directement à cette fameuse « boîte noire », siège de nos représentations sensorielles, émotionnelles et affectives et de les modifier, afin que leurs projections dans le réel soient plus en accord avec le but recherché. L'approche de l'hypnose donne des résultats très rapides et durables.

■ La finalité de l'acte sexuel

Pour l'homme, la finalité de l'acte sexuel n'est plus l'éjaculation, mais le plaisir de la relation. Pour la femme, ce n'est plus la course effrénée à l'orgasme, mais le bonheur fusionnel de la relation. L'extase des deux est à l'arrivée de ce parcours relationnel.

Si l'on compare les sexes masculin et féminin à deux prises de courant ; l'important n'est pas les prises mais le courant qui y passe. Encore faut-il que les deux prises soient en bon état de marche. C'est de cet échange amoureux que naît un autre plaisir, une autre jouissance incomparable. La relation sexuelle devient ainsi autre chose ; elle y met ce qui caractérise le plus notre humanité : nos sentiments.

Le vaginisme

Ce n'est certes pas le trouble sexuel féminin le plus fréquent, mais son étude et son approche thérapeutiques apportent des informations intéressantes pour mieux comprendre les problèmes sexuels féminins les plus fréquents : les troubles du désir et du plaisir.

Le plus souvent, la motivation des couples qui consultent un sexologue est le désir d'enfants. D'autres troubles sexuels, notamment les dysérections, peuvent être responsables d'unions non consommées, mais le vaginisme représente la cause la plus fréquente.

Comprendre les causes

Pour comprendre comment le vaginisme a pu s'installer, on cherche tout d'abord s'il existe un traumatisme physique ou psychique : blessure vulvaire à la suite d'une chute dans l'enfance ou encore des violences sexuelles : viol, inceste, etc.

Cette approche est influencée par l'attitude de la psychanalyse qui présuppose l'existence de traumatismes, surtout inconscients, comme origine des problèmes vécus dans le présent. Dans la majorité des cas de vaginisme, aucun souvenir précis n'est retrouvé, même refoulé ! Il convient donc de rester vigilant et conscient de notre interprétation subjective du problème, qu'on soit patiente ou médecin.

> **La femme vaginique**
>
> La femme vaginique n'a pas de vagin, non au plan anatomique, mais au plan de sa représentation mentale. Il n'est pas intégré au niveau de son schéma corporel. Sur le plan analogique, cela se traduit par une tentative d'intrusion à l'intérieur du corps et non dans une cavité de celui-ci. Le réflexe de défense est tout à fait comparable à celui que chacun présente au niveau de l'abdomen dans des circonstances comparables. La représentation du vagin, évoquée ici, permet de mieux cerner les mécanismes individuels. Cela va d'une absence de la représentation vaginale à l'image d'un conduit, d'un tube étroit. Parfois, la vulve est comparée à une plaie, surtout quand les règles sont douloureuses. Quelle que soit cette représentation, elle est négative et traduit une absence ou péjorative et renvoie à des souffrances.

Les traitements du vaginisme

Quelles que soient les causes des représentations négatives ou péjoratives, il est relativement simple de les faire changer. Le principe, c'est que le traitement doit apporter des connaissances et des expériences capables d'installer une représentation fonctionnelle du sexe féminin, sans en négliger les potentiels de plaisir.

Généralement, le médecin explique à la patiente qu'elle doit commencer par regarder son sexe et se familiariser avec son aspect. Puis, elle pourra l'explorer d'abord avec l'un de ses doigts, puis deux, cela lui permet de le qualifier, de mettre des mots sur ce qu'elle ressent.

Les thérapies par hypnose présentent l'avantage d'utiliser beaucoup de métaphores et d'analogies. Ainsi, au cours d'une séance d'hypnose, la femme peut comparer son vagin à son poing et se permettre de le desserrer. Cette métaphore se révèle particulièrement intéressante, car elle représente aussi un « prise en main » de son sexe et de sa sexualité.

Question/Réponse

Élodie, 22 ans : « *Je souffre beaucoup lorsque je fais l'amour. À la pénétration, je ressens une forte douleur qui la rend impossible. Mon gynécologue m'a prescrit des comprimés, des lubrifiants. Rien n'y fait et mon ami s'impatiente. J'ai peur qu'il me quitte. Que puis-je faire ?* »

Vous souffrez de vaginisme, c'est-à-dire que les muscles qui entourent le vagin sont contractés et rendent la pénétration impossible ou très douloureuse. Le vaginisme est responsable de 90 % des unions non consommées. C'est parce que votre vagin n'est pas intégré à votre schéma corporel que ce trouble se produit. Tout se passe comme si, psychologiquement, vous n'aviez pas de vagin, bien que, physiquement, il existe et soit normal. Il faut cesser les rapports sexuels, porteurs d'angoisse et de frustration, pour vous comme pour votre ami. Vous devez apprendre à connaître votre sexe, le regarder à l'aide d'un miroir, l'explorer avec un doigt, puis deux, en utilisant du lubrifiant.

L'hypnose peut avoir une action rapide et très efficace pour ce problème. Généralement, en moins de 3 mois, la difficulté est résolue. Il est possible que, le jour où vous aurez résolu votre problème, votre ami ait quelques défaillances. Rassurez-vous, elles sont passagères, dues à une angoisse de réussite.

L'absence de désir et de plaisir

Les origines du désir

D'où vient le désir de la femme ? Les origines comme l'expression du désir sont variées ; selon les tendances, on invoquera tantôt des raisons biologiques pures et dures, mettant en exergue les aspects de notre animalité humaine (niveau pulsionnel et compulsif de la sexualité). D'autres écoles mettent l'accent sur les déterminismes sociaux[1] : l'historien Robert Muchembled distingue à travers les siècles les clivages sociaux et l'inégalité devant le plaisir. La tendance « tout psy », pour sa part, se raccroche aux basques d'un célèbre psychiatre viennois, obsédé sexuel reconnu !

Il serait peu réaliste de privilégier une origine particulière : biologie et déterminismes sociaux se mêlent à l'histoire personnelle en une expérience unique. Il reste possible de distinguer quelques phases significatives dans l'évolution du désir et les attentes féminines.

1. Robert Muchembled, *Orgasme et Occident*, Le Seuil, 2005.

Quand elle s'engage dans une relation amoureuse, la femme cherche plus ou moins consciemment à satisfaire un besoin fusionnel, ne faire qu'un, mêler les corps dans une étreinte délicieuse menant à l'extase sensuelle et sentimentale...

 La frigidité : absence de désir (anaphrodisie) et de plaisir.

L'absence de désir et de plaisir représente le trouble sexuel féminin le plus fréquent. Ses multiples causes sont le plus souvent en rapport avec des représentations mentales inefficaces, associées à un manque de disponibilité.

Question/Réponse

Odile, 40 ans : « J'ai été mariée pendant 18 ans, sans jamais avoir connu le plaisir. Je suis maintenant veuve depuis 2 ans et j'ai rencontré un homme avec lequel je voudrais refaire ma vie. Mais je suis très inquiète car s'il savait que je suis frigide, ce serait la rupture. Je ne sais pas quoi faire et cela me gêne d'en parler à mon médecin. »

La frigidité, c'est l'absence de désir et de plaisir. Il ne faut pas confondre, cependant, plaisir et orgasme. Beaucoup de femmes éprouvent un grand plaisir à faire l'amour, sans nécessairement atteindre l'orgasme. Il y a deux sortes d'orgasmes, le clitoridien que 60 % des femmes connaissent, c'est le plus facile à atteindre, tandis que le second, vaginal, est moins fréquent et plus difficile à découvrir. Il ne faut pas chercher à simuler, mais parler sincèrement à votre ami. Si vous êtes à l'aise avec lui, vous devez lui parler de votre vie sexuelle antérieure et de vos doutes actuels. Vous allez devoir « réapprendre » votre corps et découvrir le plaisir dans votre nouvelle relation.

Nous avons évoqué à plusieurs reprises le fait que les femmes sont très sensibles à la dimension relationnelle de la sexualité. Par conséquent, l'éveil du désir requiert un bon climat amoureux, des rituels érotiques et sentimentaux, une intimité réelle.

Les représentations de son propre corps

Le manque de désir et l'absence de plaisir s'associent étroitement et expriment de façon métaphorique les représentations que la femme a construites à propos de son corps, de son sexe et de sa sexualité. Une éducation qui pénalise la curiosité, accueille les questions par un silence gêné, se débarrasse rapidement du problème en refusant les interrogations des jeunes filles, ne tarde pas à pervertir le sens même de leur expérience intime.

Ainsi, beaucoup de jeunes filles apprennent-elles à avoir mal quand elles ont leurs règles, le sang est tabou et impur dans de nombreuses cultures. L'attitude de la famille ou des adultes référents peut aussi installer la honte et le mépris du corps et permettre la construction de représentations mentales qui, à terme, empêcheront l'épanouissement de la sexualité.

Le rapport à l'autre est aussi essentiel

En effet, l'absence de désir vers l'autre naît d'un déni de soi. Ne pas avoir de désir, c'est d'abord ne pas se désirer, ne pas s'aimer. Mais l'absence de désir renvoie aussi à une incapacité à lire le désir de l'autre. Une femme qui souffre d'une absence de désir ne parvient pas à mesurer son impact relationnel et, si elle identifie le désir de l'autre, il est vécu comme une menace, voire comme un reflet de son « inaptitude ».

Un refus de soi ou de l'autre

En fait, l'absence de désir est un refus qui peut s'exprimer à différents niveaux : refus de soi, de l'autre, de la relation à l'autre, d'une certaine image sociale. Ce refus peut aussi n'être que l'un des aspects d'une problématique psychologique plus vaste.

En outre, les troubles du désir apparaissent dans un contexte où une certaine image de la sexualité occupe une large place sur la scène médiatique. La presse féminine s'adresse à ses lectrices, en présumant qu'elles endossent la responsabilité de la qualité érotique de leur relation de couple. L'abondance de recettes pour des câlins supposés raffinés intéresse peut-être les plus libertines, mais peut aussi choquer les autres, qui vivent cette avalanche de « trucs érotiques » comme une intrusion dans leur intimité.

La femme peu désirante finit par se sentir « anormale », ce qui renforce son attitude de repli. D'autres femmes peuvent aussi rejeter ces messages pour assumer, à leur manière, leur autonomie sexuelle.

Question/Réponse

Isabelle, 21 ans : « *Je vis avec mon ami qui en a 23. Nous nous aimons, mais nous sommes malheureux car je suis incapable de répondre à ses attentes sur le plan sexuel. J'ai toujours eu peur de faire l'amour, d'avoir mal lors de la pénétration. J'aime qu'il me caresse et m'embrasse, mais je n'ai jamais envie de faire l'amour et je ne ressens pas de plaisir. Pourtant, mon ami est très gentil et très doux. Cela m'angoisse, car j'ai peur qu'il perde patience et me laisse. En plus, j'ai l'impression de ne pas être comme les autres filles.* »

Vous redoutez la pénétration, ressentie comme une blessure. Apprenez à connaître votre anatomie et votre physiologie sexuelle. Explorez par la vue et le toucher, votre région génitale, d'abord à l'extérieur, puis à l'intérieur. N'hésitez pas à toucher votre clitoris afin de découvrir que vous pouvez éprouver du plaisir en le stimulant. C'est un bon prélude à une sexualité partagée. Nombre de jeunes femmes ont des idées très dévalorisantes à propos de leur sexe et de leur corps. Ces idées viennent de l'enfance et de l'adolescence. Chaque fois que vous vous dites « ne fais pas ça » ou « c'est sale », posez-vous la question « pourquoi ? », puis « que va-t-il m'arriver si je le fais ? ». Vous verrez que ces interdits n'ont aucune raison d'être et qu'ils sont responsables de vos inhibitions. La connaissance de votre corps diminuera votre anxiété, ce qui vous permettra d'être plus détendue, donc plus réceptive et plus sensible. La sécrétion d'adrénaline, hormone de la vigilance et du stress, fabrique une sorte de carapace qui, si elle protège, rend aussi insensible, ceci explique en partie votre manque de désir.

Comprendre le problème et le résoudre

Pour venir à bout de ce problème, il ne sert à rien de présenter un arsenal de recettes qui peuvent inutilement augmenter la culpabilité de la femme. Pour passer du refus à l'acceptation de son désir et du désir de l'autre, il s'agit bien plutôt de changer de point de vue à propos de son corps, de son sexe, du sexe de l'autre, du sens de la relation sexuelle. Mais cela ne pourra se faire que par étapes, envisageant dans ce changement tous les niveaux de structuration de la femme et, bien sûr, de sa sexualité. L'idée n'est pas de donner du désir, plutôt de la curiosité...

Par exemple, on peut aider la femme à s'imaginer actrice d'un théâtre virtuel et y jouer un rôle plus adapté à son idéal. L'imagination permet d'accéder à des ressources jusqu'à présent non conscientes ou refoulées : curiosité, créativité, jubilation.

Le désir est un phénomène dynamique, inscrit dans l'échange, dans la relation. Sur le plan du sens des mots, on désire toujours quelque chose ou quelqu'un, on ressent l'absence de désir de quelque chose ou de quelqu'un. Le thérapeute doit donc aider la femme à découvrir le complément de son désir.

L'absence de plaisir

Les plaisirs féminins, quand ils existent, sont intenses et variés : clitoridiens ou vaginaux, ils vont de la simple excitation à l'orgasme. L'intensité et la variété de ces plaisirs dépendent des représentations associées et au sens que la femme attribue à la sexualité. Mais, l'absence de plaisir est aussi parfois très mal vécue du côté masculin. Qu'on en juge d'après ce témoignage.

Question/Réponse

Maxime, 22 ans : « *Je suis complètement découragé, car je n'arrive pas à donner du plaisir à mon amie, ni à celles que j'ai eues avant. Existe-t-il une solution, un médicament, une thérapie ?* »

La jouissance de la femme dépend de trois données essentielles : elle-même, son partenaire et la relation qui s'est établie entre eux. Pour répondre aux stimulations érotiques et parvenir à la jouissance, il faut que la femme connaisse son corps, son sexe, ses zones érogènes, ses points sensibles et, surtout, qu'elle les accepte et les vive positivement. C'est une condition incontournable pour qu'elle puisse éprouver agréablement ses sensations, avoir confiance en elle et se laisser aller à la jouissance. Le partenaire doit savoir, quant à lui, qu'une femme a besoin de disponibilité, de détente et d'un environnement sécurisant pour pouvoir s'abandonner au plaisir. Il doit lui prodiguer des marques d'attention, de tendresse, se montrer patient, lui offrir des préludes câlins et non se précipiter sur ses seins ou son sexe. Cette façon de prendre son temps lui apprendra à maîtriser sa propre excitation.

■ La qualité de la relation est essentielle

L'amour et le désir sont les ingrédients indispensables du plaisir partagé. Le désir de la femme dépend de l'attrait que l'homme exerce sur elle, il doit donc faire des efforts, soigner son corps, sa silhouette, se montrer courtois disponible et amoureux.

Aucun homme n'a le pouvoir de donner du plaisir à une femme, même s'il y contribue. C'est en fait la femme qui prend du plaisir avec l'homme qu'elle a choisi.

Nous avons montré précédemment que l'absence de représentation vaginale peut empêcher la pénétration. Les représentations mentales que chaque femme construit à propos de son sexe et de son utilisation autorisent ou interdisent d'accéder aux plaisirs.

La sexualité de la femme est déterminée par la qualité de la relation à l'autre et son sexe, lorsqu'il est intégré et investi de cette qualité relationnelle, peut lui permettre d'obtenir les plus grandes voluptés.

Ne plus se voir pénétrée, mais imaginer saisir amoureusement le sexe de l'homme deviendra la source d'une intense jubilation. Les choses ne sont guère différentes pour l'homme, si ce n'est le contenu de ses représentations, plus adaptées à son physique et à son caractère.

Aller vers le plaisir

Dans sa quête fusionnelle, la femme amoureuse cherche inconsciemment à reconstruire avec l'autre l'androgyne mythique (*cf.* chapitre 2). Pour y arriver, la première étape consiste à basculer vers une attitude active, c'est-à-dire en l'occurrence d'utiliser son vagin comme un véritable organe, un peu semblable à la main qui caresse, étreint, stimule, excite, cajole ou apaise... C'est alors qu'elle devient pleinement actrice de sa sexualité.

Le désir amoureux fusionnel justifie et explique les mécanismes du désir sexuel. Dès que la femme parvient à se représenter son vagin comme un organe actif, le sens qu'elle donne aux rapports sexuels change. Elle peut enfin découvrir un plaisir qui comble ses attentes sensuelles et amoureuses : l'orgasme à point de départ vaginal.

Partie 3

Sens de la sexualité

Chapitre 6

Le sens de l'acte sexuel

Chacun édifie sa propre représentation de la sexualité et imagine que les autres la partagent. Or, rien n'est moins sûr, si l'on en juge par la fréquence des conflits, la précarité des unions ou les mésententes sexuelles.

Dans les chapitres précédents, nous avons montré en quoi les réalités biologiques affectaient les comportements sexuels. Nous avons aussi montré que notre sexualité s'inscrit dans des déterminismes culturels. Les problèmes et autres troubles de la sexualité relèvent en partie de l'imbrication de ces éléments : biologiques, culturels et personnels.

Le philosophe Edgar Morin a montré que la compréhension de notre monde doit intégrer savoirs et connaissance et non les séparer. Or, l'amour est un domaine dans lequel se manifeste de si nombreux facteurs que son sens demeure souvent insaisissable et la plupart des explications réductrices. Pour la sexualité, il n'en va pas autrement.

L'histoire individuelle contribue à forger des certitudes et des repères, qui vont venir à la rencontre de ceux de l'autre, et l'échange amoureux pourra les révéler, les enrichir, les confronter.

Les mots pour le dire

Si les mots ont un sens, même riche ou compliqué, il demeure unique. Ce sont les humains qui sont différents, pluriels, complexes. Ainsi, on peut utiliser des mots dans leur sens habituel, apprendre de plus en plus de mots, il reste que nous allons, par notre connaissance, les investir d'un sens personnel, situé à côté du sens généralement admis.

Les mots ont un sens auquel notre expérience ajoute une touche personnelle ; c'est la distance entre le savoir et la connaissance. On peut savoir ce que veut dire un mot, sans nécessairement connaître personnellement ce qu'il signifie. Prenons, par exemple, le mot « accouplement », si au XVIe siècle, il désignait une union sexuelle, humaine ou animale, de nos jours ce même mot ne s'applique, en son sens sexuel, qu'aux animaux. En tant qu'être humain, on ne pourrait donc pas s'accoupler, sauf en changeant le sens de ce mot, en le détournant de son but apparent pour l'intégrer dans son lexique intime.

Images mentales associées

Si nous accordons autant d'importance aux mots, c'est qu'ils renvoient à des images et à d'autres représentations mentales, dès l'instant qu'ils ont été investis d'un sens personnel. Le lien subtil qui relie le mot à ce qu'il désigne dans l'expérience intime nous conduit tout droit à la problématique.

Savoir ne suffit pas et certains troubles sexuels se caractérisent précisément par une absence de représentation, comme c'est le cas du vaginisme. Mais les troubles du désir et du plaisir révèlent aussi un déficit de sens. Le plaisir, l'orgasme, l'extase restent alors des mots vides d'expérience. Pourtant, le nom donné participe de l'existence de ce qu'il représente. C'est pourquoi il faut savoir nommer son corps et celui de son (sa) partenaire.

■ Un usage de soi harmonieux

Pourtant, les images mentales jouent un rôle décisif dans la sexualité. Un apprentissage de soi devrait permettre un usage de soi harmonieux et dissiper les angoisses de découvertes hasardeuses, fondées sur beaucoup d'idées fausses. Une partie des dysfonctions sexuelles s'ancre dans l'ignorance et se manifeste par une incapacité à s'exprimer et à décrire.

La méconnaissance de soi, de son corps, de son sexe, de ses réalités biologiques se révèle dans l'absence de mots pour les dire. Les mésententes sexuelles se caractérisent, entre autres, par un important décalage au niveau du sens de la sexualité. Les images mentales associées à la sexualité demeurent parallèles ou se heurtent et conduisent la relation au conflit.

Les sources du sens de la sexualité

Le sens attribué à la sexualité ne s'est pas construit en un jour, mais s'est peu à peu constitué à partir de différentes sources.

Or, si l'on examine l'information transmise pour « éduquer », que trouve-t-on précisément ? Des schémas anatomiques des organes sexuels et de l'appareil reproducteur, des descriptions du fonctionnement et, enfin, l'énoncé détaillé des risques encourus en cas d'acte sexuel : grossesse non désirée, maladie. La prophylaxie de ces risques complète le tableau.

S'il est indispensable de connaître les réalités biologiques de son corps, la sexualité dépasse ce cadre. Une information claire et utile à propos de la reproduction semble incontournable. Les grossesses non désirées chez les adolescentes résultent souvent d'une méconnaissance de leur corps et de leur physiologie.

L'éducation puritaine qui consiste à ne surtout pas parler de « ces choses-là » se défausse de toute responsabilité, en rejetant la tâche éducative à des « experts » ainsi désignés. Il ne faut donc pas être surpris que beaucoup de savoirs et de représentations, à propos de la sexualité, soient issus de sources parallèles.

■ Le milieu scolaire

Qui donc transmet cette information précieuse et si utile qu'elle en vient souvent à remplacer des savoirs plus théoriques et surtout plus scientifiques ?

Dans le milieu scolaire circulent de nombreuses informations, plus ou moins fausses, plus ou moins dangereuses. Lorsque les moyens contraceptifs n'existaient pas, les jeunes filles se transmettaient des recettes et s'organisaient pour se « débrouiller » toutes seules avec le fardeau de leur sexualité. Aussi longtemps qu'au nom d'une bien hypocrite pudeur, on évite de regarder en face les réalités biologiques, on continue de nager en plein obscurantisme.

Le langage cru de certains adolescents ne doit pas leurrer les adultes, il ne correspond pas à une expérience réelle, mais reflète une anxiété et une frustration qu'ils cherchent ainsi à mieux masquer.

> **Les jeunes et la pornographie**
>
> Michela Marzano, philosophe, et Claude Rozier, médecin, commentent[1] l'enquête qu'elles ont conduite auprès d'adolescents. Leurs travaux montrent bien que la pornographie fait partie du théâtre mental des jeunes. Une grande majorité d'adolescents a vu des films pornographiques, le plus souvent dans le salon familial en l'absence des parents, ou a visité des sites pornographiques sur Internet. Les réactions des jeunes filles s'échelonnent entre le rejet et la gêne, celles des garçons vont de la gêne à la provocation. Dans l'ensemble, ces jeunes ne confondent pas la pornographie avec leur sexualité. Les garçons y ont recours pour s'exciter, les filles semblent peu intéressées, mais toutes ne la dédaignent pas.

■ Les sources parallèles

D'autres sources, en apparence plus fiables, car largement diffusées, transmettent une information si simpliste qu'elle en vient parfois à énoncer des inexactitudes importantes. Ce sont des médias, comme certaines publications à l'intention d'un lectorat essentiellement féminin, et des portails féminins sur Internet. Pour faire simple, on réduit les phénomènes à de simples mécanismes, excluant les dimensions sentimentales et affectives, pourtant si essentielles à la sexualité féminine.

■ Recadrer la problématique

Ces sources participent à modeler les représentations du sexe, mais pas autant qu'on l'imagine. Le philosophe Ruwen Ogien, spécialiste des questions éthiques, a replacé la problématique dans le cadre plus large des libertés individuelles[2]. D'autres enquêtes sociologiques, dont

---

1. Michela Marzano, Claude Rozier, *Alice au Pays du porno*, Ramsay, 2005.
2. Ruwen Ogien, *Penser la pornographie*, PUF, 2005.

certaines conduites sur de nombreuses années, ont montré que l'on ne pouvait en aucun cas établir de corrélation significative entre l'exposition à la pornographie et la tendance à l'agression sexuelle.

■ Images et mots pour le sexe : le sien, celui de l'autre

Les mots qui servent à désigner le sexe en tant qu'organe sexuel ne manquent pas, bien que, pour parler de son propre sexe, le vocabulaire familier, quand il existe, se réduit à quelques termes.

Tandis qu'en langage courant, quelques mots désignent le sexe de la femme, celui de l'homme dispose de très nombreux mots pour le décrire, l'évoquer, en parler. Tout dépend du contexte.

En termes scientifiques, cependant, chaque mot désigne une chose. Par exemple, « vulve », « clitoris », « vagin », « grandes lèvres » correspondent à une zone anatomique clairement identifiée (cf. chapitre 1). Mais ce n'est pas en termes scientifiques que l'on parle de son sexe.

> **Le langage poétique**
>
> Les métaphores abondent, tant pour l'homme que pour la femme. Le « sceptre », le « dard », la « lance », mais aussi la « fleur », la « grotte », le « bijou ». Mais, dans la vie quotidienne, on ne parle pas de son sexe en langage poétique, sauf si la relation amoureuse a permis de construire des codes intimes.

Comment parle-t-on de son sexe dans la vie quotidienne ? En parle-t-on ailleurs que chez son médecin traitant, son gynécologue ? En parle-t-on avec ses amis ? Quel nom lui donnez-vous quand vous y pensez ? Avez-vous donné un nom à votre sexe, à celui de votre partenaire ?

Exercice

Complétez le tableau ci-après, puis comparez les mots que vous utilisez pour parler de votre sexe. S'agit-il des mêmes mots quand vous en parlez avec un(e) amie ou avec votre médecin ?

Les mots pour parler de son sexe :
- Avec vous-mêmes : ...
- Avec un (e) ami(e) : ...
- Avec votre médecin : ...

Mots pour désigner mon sexe	Moi-même	Une amie, un ami	Mon médecin
Mots pour désigner le sexe de l'autre			

Faites le même exercice cette fois en cherchant les mots que vous utilisez pour parler du sexe de votre partenaire et comparez les résultats. Enfin, faites l'exercice avec votre partenaire et comparez vos résultats.

Les mots qui désignent le sexe influencent notre comportement, certains mots évoquent froidement l'anatomie, d'autres le partage jubilatoire d'une intimité érotique.

Images et mots pour le rapport sexuel

Quelles images s'associent avec l'expression « rapport sexuel », quand et avec qui parlez-vous de rapport sexuel ? « Faire l'amour » ou « baiser », est-ce la même chose ? Si vous percevez une différence, quelle est-elle ?

Lorsque la relation sexuelle est insatisfaisante, il existe entre les partenaires un décalage, souvent profond, entre les représentations mentales de l'acte sexuel. Un vocabulaire particulier accompagne alors la description du dysfonctionnement. Le clivage entre les attentes relationnelles de la femme et celles plus compulsives de l'homme se trahissent aussi au niveau des mots.

Cette représentation agressive de l'acte fait toujours partie du théâtre mental de nombreuses femmes. Elle explique en partie certaines formes d'absence de désir. La proie peut-elle désirer rencontrer son prédateur ?

Dans un autre contexte, quand le médecin pose une question à ses patients, il utilise souvent l'expression « rapports sexuels » ou « rapports ». Le sens en est plus « neutre », plus « scientifique », il crée une distance de respect. Les mots « neutres » lui permettent de rester dans son rôle, tout en explorant par l'interrogatoire des territoires intimes. C'est l'équivalent de la blouse blanche qu'il revêt pour examiner ses patients.

Quand on réfléchit sur ses propres difficultés, les mots du dialogue intérieur diffèrent des précédents, car ils renvoient au sens émotionnel et subjectif ainsi qu'aux images mentales associées.

> **Une représentation agressive de l'acte**
>
> Il y a un gouffre entre « faire l'amour » et « baiser », même si ces deux termes sont supposés décrire le même acte. Ce qui change, c'est le sens particulier qu'on attribue à ces mots. Beaucoup de mots sont employés à tort et à travers, souvent avec un caractère péjoratif. Des verbes ou expressions comme « niquer », « tirer », « sauter » ou « se faire » désignent un acte sexuel conduit et décidé par un homme qui ne s'embarrasse pas du consentement de sa partenaire. En ce sens, ces mots représentent en eux-mêmes une certaine forme d'agression. Leur utilisation dans des formules d'insultes n'est donc pas fortuite, elle désigne celui qui agit, menace, décide, consomme et celui ou celle qui subit cela dans la passivité.

Les pratiques de l'acte sexuel

Réfléchir sur le sens de l'acte sexuel conduit à s'interroger sur le contenu de ces termes. Certains milieux culturels donnent un sens sexuel à toute chose et, par exemple, excluent la possibilité de côtoyer des représentants de l'autre sexe. La mixité, tout comme le rapprochement physique de personnes des deux sexes, tombe sous le coup de l'interdit. Par exemple, certaines religions interdisent à leurs pratiquants mâles de serrer la main d'une femme et encore plus sévèrement s'il s'agit d'une femme appartenant à une autre culture. La poignée de main incriminée équivaut alors à un échange sexuel illicite ; c'est donc un péché.

Dans certains milieux religieux, les fiancés sont placés sous haute surveillance, d'autant qu'ils doivent parfois attendre très longtemps avant que soient réunies les conditions nécessaires à leur union.

■ Des positions rigoristes néfastes à la sexualité

Outre-Atlantique, il semblerait que la fellation soit une pratique très courante, mais fortement réprouvée par l'Église, comme l'explique le Québécois Yvan Réhault, prédicateur, auteur et animateur de sites chrétiens :

> « *La fellation n'est pas considérée comme un acte sexuel par beaucoup. Cette hypothèse pourrait expliquer pourquoi certains d'entre eux banalisent cette pratique. Des anglophones utilisent l'expression "to do a Bill Clinton"... C'est très révélateur quand on sait qu'il a lui-même nié qu'une fellation était un acte sexuel.* »

Y. Réhault établit une échelle qui va de « prendre la main » à « acte sexuel », en passant par le baiser et les caresses. Chacune de ces actions n'est peut-être pas un acte sexuel, mais, pour le pratiquant intégriste, elles pèsent de tout leur poids sur la balance à péchés, puisque des pensées « impures » précèdent toutes ces actions. Bien entendu, le mariage lèvera la plupart de ces interdits, mais les expériences qui pourraient l'avoir précédé seraient alors des références et engendreraient des comparaisons dangereuses pour l'harmonie du couple.

Ces positions rigoristes ont des séquelles dans la vie sexuelle de nombreuses femmes qui se sentent coupables d'exprimer leurs désirs, et plus encore coupables de ne pas « être à la hauteur » des désirs de leurs partenaires. Si bien que, la société qui exploite à fond la représentation sexuelle, continue d'entretenir un système de contraintes à l'égard des femmes, désormais investies d'un rôle d'expertes en pratiques érotiques.

■ La pénétration, parfois vécue comme une intrusion

Le mot « pénétration » suffit souvent à provoquer de la peur ou une forte réticence chez certaines femmes. Pour elles, la pénétration est vécue comme une intrusion, voire une agression. En changeant le sens de cet acte, c'est toute sa perception subjective qui va changer.

Comment pourrions-nous accueillir quelqu'un qui entrerait dans notre maison sans y être convié ? Selon son aspect et son comportement, nous pourrions avoir peur, tenter de le chasser, au mieux, essayer de comprendre ses intentions. Tandis qu'une personne que nous invitons, dont nous attendons l'arrivée, sera la bienvenue et accueillie comme telle.

> **Durée moyenne du rapport sexuel**
>
> Le rapport sexuel consiste pour l'essentiel en une rencontre du pénis en érection avec le vagin lubrifié, puis en quelques mouvements de va-et-vient, suivis d'une éjaculation intravaginale. Une étude récente portant sur 500 couples appartenant à 5 pays différents donne, comme durée moyenne du rapport sexuel, 5 minutes et 40 secondes. Cette durée représente le temps écoulé entre la pénétration et l'éjaculation intravaginale.

Mais à quoi sert l'acte sexuel ?

Il peut sembler étrange de poser cette question, pourtant, ses réponses vont nous conduire au cœur des problématiques sexuelles. L'objectif de l'acte sexuel détermine aussi son enjeu et donc les critères de réussite ou d'échec. Il peut aussi révéler une distance considérable entre l'objectif énoncé et l'enjeu émotionnel réel. Ainsi, une femme qui accepte de faire l'amour pour « faire plaisir » à son partenaire, inscrit cet acte dans une dimension relationnelle, voire contractuelle. Différents enjeux découlent logiquement de ce choix : cohésion du couple, fidélité, apaisement des instincts... Mais cet objectif conduira tôt ou tard à une impasse et à une dysfonction sexuelle, car une relation équilibrée, capable de s'installer positivement dans la durée ne peut pas se fonder sur une mise à l'écart des objectifs réels de chacun.

Il est donc important de savoir quel objectif nous allons attribuer à l'acte sexuel, quels en seront les enjeux réels et les critères de réussite ou d'échec.

Exercice

À quoi sert l'acte sexuel ? Choisissez la réponse qui vous semble la plus proche de votre opinion à ce sujet. Si vous souhaitez donner plusieurs réponses, classez-les par ordre d'importance. Répondez à ces questions avec votre partenaire, puis comparez vos réponses :

1- la reproduction ;
2- l'apaisement des instincts sexuels ;
3- le plaisir de l'homme ;
4- le plaisir de la femme ;
5- faire plaisir à mon (ma) partenaire ;
6- plaisir et émotions partagés ;
7- le remercier de… (contrat) ;
8- maintenir la cohésion du couple ;
9- être normal(e).

Selon l'objectif de l'acte sexuel, votre vécu varie, car les enjeux sont différents, parfois contradictoires, souvent décalés.

Procréer

Le plaisir importe peu si la finalité de l'acte sexuel est la reproduction. Au pire, ce n'est qu'un bref moment à passer, au mieux, cela peut être agréable. Dans cette optique, l'enjeu du rapport sexuel, c'est la fécondation et l'enfant à naître. Cet objectif a longtemps été la finalité « officielle » des idéologies religieuses et même celle de la science médicale.

La conséquence de cette position, c'est que toute sexualité est interdite à la femme qui n'est pas ou plus fécondable. Une autre conséquence, c'est qu'une fois satisfait le désir d'enfant, l'acte sexuel apparaît comme vide de sens, ne sert plus à l'objectif précédent. Il est alors interprété comme une recherche égoïste de plaisir de l'homme et finit par se trouver banni de la relation du couple. Si la femme a consenti pendant quelques années à avoir des relations sexuelles, dès qu'elle n'en ressent plus la nécessité, ayant atteint ses buts, elle assiste à une diminution, voire une disparition de son désir…

> **Faire un bébé « seule »**
>
> Certaines jeunes femmes ont choisi de faire un bébé « seules », le partenaire masculin n'ayant servi qu'à la fécondation... Les progrès de la fécondation artificielle laissent penser que le jour où l'on pourra se passer de relations sexuelles, voire d'élément mâle, n'est pas loin. Si tel était le cas, à quoi pourrait donc servir l'acte sexuel ?

Le résultat procréatif de l'acte sexuel apporte une gratification sur plusieurs plans : l'affectif et le social. La venue d'un enfant donne une reconnaissance sociale à la femme qui devient alors mère et peut, en tant que telle, s'intégrer à des groupes valorisés. Même si les contraintes sont lourdes, l'enjeu ne semble rebuter qu'une frange marginale de candidates !

Apaiser ses pulsions

Nous avons évoqué à plusieurs reprises les différents niveaux de la sexualité, distinguant le pulsionnel lié au climat hormonal, le compulsif en rapport avec une quête égocentrée du plaisir et le relationnel qui correspond à un épanouissement harmonieux.

Il est en effet possible d'avoir des rapports sexuels afin d'apaiser ses pulsions, ses tensions. Cela équivaut à se masturber, en utilisant le sexe de l'autre. L'enjeu consiste à être le plus efficace possible pour atteindre la jouissance de manière rapide et complète.

> **Une méconnaissance de l'autre**
>
> Beaucoup de femmes croient que les hommes ont des besoins sexuels importants et qu'il faut donc les assouvir régulièrement, faute de quoi, ils vont chercher à les satisfaire ailleurs. Dans le même temps, beaucoup d'hommes croient la même chose, puisque cette explication n'est que très rarement contestée.

L'échec de cette sexualité se manifeste dans l'infidélité, l'errance permanente à la recherche d'un(e) partenaire mieux adapté(e) à ses propres désirs. Quand l'acte aboutit à de l'insatisfaction ou que le désir se heurte au refus de coopérer, la responsabilité de l'échec incombe toujours à celui (celle) qui s'oppose. Le plus demandeur ou la plus motivée peut laisser croire que sa vie sexuelle est riche et variée, en réalité, l'implication sentimentale restant généralement très faible, par crainte d'attachement durable, les gratifications réelles le sont aussi.

Clotilde, 28 ans

« Je vis avec mon ami depuis 3 ans, mais je pense que nous allons bientôt nous séparer. Même si j'ai des orgasmes quand nous faisons l'amour, je me sens insatisfaite, je ne l'aime plus. Il connaît la « mécanique » de mon corps, mais ça ne me suffit plus. Il ne fait pas attention à moi, j'ai l'impression d'être un objet, on ne communique plus. Il dit que le sexe, ça n'a rien à voir avec les sentiments. Même si « ça marche », je n'y trouve pas mon bonheur. »

Le plaisir qui conduit à l'insatisfaction n'est pas une situation inhabituelle. Dans cet exemple, le sens de l'acte sexuel diffère entre les partenaires. Clotilde a l'impression que son ami ne s'occupe pas d'elle en tant que personne, il prend son plaisir, lui donne une jouissance qui n'est le plus souvent que clitoridienne, mais une frustration s'installe, elle se sent terriblement seule. Son ami considère l'acte sexuel comme un moyen de satisfaire un besoin élémentaire et non comme une manière d'échanger des sentiments, des émotions à travers la sensualité.

Partager émotions, plaisirs, sentiments

Si à la question « à quoi sert l'acte sexuel ? », vous avez choisi la réponse 5, 6 ou 8, c'est que vous recherchez une qualité relationnelle avec votre partenaire. Le plaisir devient la conséquence d'une harmonieuse relation sensuelle et non plus son objectif. Les sens et les sentiments s'impliquent alors ; l'acte sexuel est l'occasion d'une intense communication entre partenaires.

L'acte sexuel qui prend place dans ce contexte apporte la plénitude, permet un échange privilégié, un partage complet des émotions. Dans ce climat, l'extase véritable peut se manifester, ceux et celles qui en ont fait l'expérience savent à quel point elle diffère d'un plaisir sexuel qui, même orgastique, laisse insatisfait.

Une telle sexualité représente un travail d'évolution personnel considérable. En effet, cette vision des choses exige de prendre ses distances vis-à-vis des déterminismes biologiques des niveaux pulsionnels et compulsifs de la sexualité. En outre, cela requiert d'avoir établi ses propres repères par rapport aux contraintes culturelles qui ont pesé sur son épanouissement sexuel.

Le « contrat »

Si vous avez privilégié la réponse 7, c'est que vous avez adopté une sorte de « contrat » qui régit votre relation. L'acte sexuel est alors une récompense, en échange de comportements attendus. Ce mode de fonctionnement n'est pas très éloigné de celui de nombreux animaux comme l'explique Helen Fischer[1], anthropologue et ethnologue, en parlant des rituels de séduction :

> « *En fait, l'offrande alimentaire en échange de faveurs sexuelles est le procédé le plus universellement répandu. Partout, dans le monde, les hommes font des cadeaux aux femmes avant de faire l'amour.* »

Helen Fischer précise ensuite que ce comportement n'est pas spécifique à l'espèce humaine, et de citer un grand nombre d'animaux, insectes, oiseaux et mammifères qui pratiquent cet échange.

■ Une organisation du couple qui évolue

Dans la suite de la relation, cet échange va continuer, mais sous une autre forme et, comme dans la plupart des espèces animales, certaines tâches seront l'apanage de l'homme et d'autres celles de la femme. Dans la société occidentale, aux époques où la femme n'avait pas d'autonomie financière ni d'autre reconnaissance sociale que celle apportée par son mari, ses attentes envers lui étaient très précises.

---

1. Helen Fisher, *Histoire naturelle de l'amour, instinct sexuel et comportement amoureux à travers les âges*, coll. « Réponses », Laffont, 1992 (1re parution en anglais sous le titre *Anatomy of love*, en 1992)

L'homme se devait de la protéger, la nourrir, la vêtir ainsi que ses enfants ; s'il manquait à ses devoirs, sa femme pouvait se refuser et le frustrer. Cette organisation se fonde sur une tradition fort ancienne qui voulait que la femme s'occupe de la maison et l'homme de l'extérieur.

Cette organisation a évolué, puisque les femmes accèdent à tous les postes de décisions dans la société. Mais elles assument aussi la plupart des tâches ménagères, accomplissant en cela une double journée... Cette activité peut restreindre le désir d'avoir des relations sexuelles et si l'homme semble en déficit de participation, la femme a le sentiment qu'il ne joue pas son rôle. Elle reste déçue, estime avoir donné activement sa part, tandis que l'homme s'est contenté du minimum. Elle n'a donc plus aucune raison de le récompenser, en acceptant l'acte sexuel.

Se sentir normal

Certaines personnes pensent qu'il est nécessaire d'avoir des rapports sexuels régulièrement pour être « normal ». L'enjeu de l'acte est inscrit dans une dimension sociale. Cette interrogation sur la « normalité » peut aller jusqu'à nourrir des doutes, voire provoquer une remise en cause. Or, on s'aperçoit que, souvent, c'est la « normalité » de l'autre qui est visée, en cas de dysfonctionnement sexuel.

> **Un comportement lié à la « normalité »**
>
> Au nom de la « normalité », certaines attitudes ou pratiques s'imposent. Quand la mode prescrit d'être « sexy » et charge la femme de la responsabilité érotique de son couple, celle qui se rebiffe passe pour « pas normale ». Un sentiment d'incapacité, de manque de compétence s'installe insidieusement et remet en question le sens même qu'elle donne à la sexualité.

Une femme qui se plaint d'absence de désir et de plaisir se sent probablement très mal à l'aise et endosse tout ou partie de la responsabilité, mais ne peut pas s'empêcher de penser que son partenaire ne fait peut-être pas ce qu'il faut ou attend d'elle des comportements qu'elle se sent incapable d'avoir.

Anne, 38 ans

« Je suis mariée depuis 13 ans et je me dis que je n'aime plus mon mari. Quand je rentre après ma journée de travail et que je le trouve vautré sur le canapé, il ne vient pas m'aider, j'ai donc la double journée. Ensuite, le soir, je suis épuisée et il me reproche de ne pas vouloir le satisfaire. Je ne suis pas "sexy", pas "coquine", trop coincée, pas normale quoi... Si je proteste et lui demande de participer, il le fait un jour ou deux, puis les habitudes reprennent. Il dit que ses soucis professionnels l'empêchent de s'intéresser aux travaux de la maison. Je n'ai aucune envie d'être "sexy" et surtout aucune énergie pour ça. »

Dans ce témoignage, la relation est en déséquilibre. Anne ne peut pas assumer tous les rôles, ce qui se manifeste par une fatigue permanente et une attitude de repli, parfois même d'agressivité. Le sentiment d'être « anormale » accroît encore le malaise.

Une relation d'équilibre

Une relation gagnant/gagnant

Une relation satisfaisante ne peut pas se satisfaire d'un déséquilibre. Chaque partenaire doit être « gagnant », ce qui implique un partage de valeurs et de représentations. Une sexualité réellement épanouissante et jubilatoire ne saurait se fonder sur des rapports de force ou de contrainte. Si des « contrats » de couple existent, plus ou moins tacites, ils doivent viser un objectif équitable pour chaque partenaire.

Le pouvoir masculin en question

Toute une culture traditionnelle a mis longtemps en avant le pouvoir masculin et sa suprématie vis-à-vis de la femme. Les mentalités évoluent moins vite que la société, les technologies et les sciences qui ont modifié, depuis moins d'un siècle, le paysage conjugal, les relations entre hommes et femmes, le statut de l'enfant et surtout celui de la femme. Le contexte culturel éclaire une partie des mésententes conjugales, basées sur une insatisfaction sexuelle : répartition des rôles, inégalités et surtout représentations mentales péjoratives ou inappropriées.

Le climat relationnel qui découle de ce contexte tient davantage à des caractéristiques individuelles. Il reste qu'une relation sexuelle réussie ne saurait s'inscrire dans un dialogue d'égoïsme. Toute la qualité du vécu dépend en effet de l'attention privilégiée qu'on accorde à son partenaire, c'est elle qui donne le sentiment d'exister plus intensément, qui exacerbe l'émotion et la sensualité.

Utiliser ses différences comme des ressources

Les qualités humaines s'acquièrent à travers les relations. Ce sont elles qui permettent d'affirmer sa personnalité, de prendre conscience de ses goûts, des traits de son caractère et de ses préférences sexuelles. Aussi, quand on débute dans sa vie amoureuse, on possède déjà certaines représentations pour choisir son (sa) partenaire. Mais, la vie à deux exige souvent de modifier ses comportements pour s'adapter à l'autre et atteindre ensemble l'harmonie.

Exercice

Tout se passe comme si, au départ de la vie d'un couple, chacun apportait les matériaux qui vont servir à construire leur demeure d'intimité. Mais il manque toujours quelque chose car aucun des deux ne possède les « bons » matériaux. Parfois, ils possèdent les mêmes, ce qui fait double emploi, parfois des éléments indispensables restent introuvables. Devant ce constat, on a quelques choix :

1- on décide de poursuivre sa recherche d'un(e) partenaire qui possède les matériaux souhaités ;

2- on décide qu'on est assez fort pour s'en passer et, au lieu d'un château, on construit quelque chose de plus modeste, une petite maison, mais aussi une hutte. On peut aussi choisir de camper… ;

3- on peut aussi choisir de partager ce que l'on possède et d'y ajouter un peu d'imagination pour créer une demeure dans laquelle on se sent bien.

Et vous ? Que choisissez-vous ?

La rencontre est une prise de risque qui fait apparaître les différences et, pour éviter des confrontations, on a tendance à lire le comportement de l'autre avec ses propres codes, au lieu de chercher à comprendre et à communiquer.

Élodie, 26 ans

« J'ai passé le week-end avec mon copain et il m'a fait une véritable déclaration d'amour. Il m'a dit qu'il voulait vivre avec moi, a été vraiment adorable. J'ai complètement craqué. On a fait l'amour, c'était magnifique. Mais, après ça, il est allé s'installer sur le canapé, a pris un verre et s'est endormi devant la télé. Je me suis sentie abandonnée. Je ne doute pas de ses sentiments, mais je n'aime pas la façon dont ça se passe après. C'est vrai qu'avec mon précédent ami, les choses étaient très différentes. Il se montrait affectueux et câlin. Aujourd'hui, je me sens vraiment amoureuse, mais je suis inquiète et j'hésite à lui en parler... »

Élodie prend conscience de ses attentes affectives face au comportement de son ami. Elle peut ainsi accumuler des frustrations et cette idylle risque de tourner court, s'ils n'abordent pas la question. Élodie et son ami ne partagent probablement pas les mêmes références à propos de l'acte sexuel. Ils se situent à différents niveaux : pour l'un, le sexe et les sentiments sont séparés tandis que, pour l'autre, ils sont indissociables.

Les différences ne doivent pas rester inexplorées mais donner au contraire l'occasion d'exprimer sincèrement ses attentes et de mieux comprendre l'autre.

Ne pas confondre le but et les conséquences

Découvrir le sens de l'acte sexuel ne semble pas aussi évident qu'on pourrait le croire. En effet, de nombreux éléments modèlent nos représentations à ce sujet. L'erreur la plus flagrante, c'est de confondre le but et les conséquences. Au cours de ce chapitre, nous avons présenté plusieurs réponses à la question « à quoi sert l'acte sexuel ? », ces dernières illustrent les opinions les plus fréquentes.

Si l'on pense que l'acte sexuel sert à procréer, il y a bien confusion entre le but et les conséquences. La procréation est la conséquence de l'acte sexuel lequel, dès lors, n'est qu'un moyen d'y parvenir. Si l'on pense que l'acte sexuel a pour but d'apaiser les instincts, il y a encore confusion. C'est après l'acte que les tensions s'apaisent. Là encore, il s'agit d'un moyen. La relaxation qui suit l'éjaculation comme l'apaisement consécutif à l'orgasme ne sont que des conséquences de l'acte sexuel.

Chacune des réponses peut entrer dans ce cadre, il apparaît alors clairement que, si l'on demeure ancré dans ces représentations, l'on est en train de passer à côté de quelque chose d'essentiel.

Un autre regard sur la sexualité humaine

Les observations des anthropologues, des ethnologues, des philosophes comme celles des sexologues demeurent valides, à condition cependant d'oser une approche différente de la question. Or, si l'interaction sexuelle humaine présente des caractères communs à toutes les cultures et que l'on peut aussi en trouver des exemples dans le monde animal (comportements de séduction, de parade, d'attachement...), il reste que nous devons porter un autre regard sur la sexualité humaine car les habitudes d'interprétation encore en vigueur, datent, pour les plus récentes, de presque un siècle.

Freud et le sens de l'acte sexuel

Freud a fait une large place à la dimension sexuelle dans la construction de la personnalité, mais il ne s'est pas prononcé sur le sens même de l'acte sexuel. Cette interrogation ne semblait pas pertinente dans son champ de recherche.

Quand la femme a accédé à la maîtrise de sa fécondité, les bouleversements dans les relations ont été considérables. La sexologie a pris racine dans ce mouvement et se doit de poser à nouveau la problématique du sens. Les différentes difficultés sexuelles que rencontrent les gens illustrent, dans leur ensemble, le décalage entre un modèle obsolète et l'expérience individuelle. En d'autres termes, on essaie souvent de guérir des troubles à la manière de quelqu'un qui cherche ses clés à la lumière du réverbère, au lieu de tenter de les trouver là où il les a perdues.

L'acte sexuel est avant tout un acte de communication, d'échange, de relation. L'important, c'est d'être « connecté » à son (sa) partenaire et non de regarder avec obsession les conséquences de cette connexion.

Comprendre cela ouvre les portes d'une sexualité libérée parce que créative, hédoniste, solidement ancrée dans le présent et l'altérité. Les conséquences les plus jubilatoires seront désormais inévitables !

Chapitre 7

À quoi sert le plaisir ?

La récompense que représente le plaisir est à la hauteur de l'investissement personnel et de la qualité relationnelle. Il s'agit de prendre conscience que chacun participe pleinement au plaisir de l'autre, donner du plaisir accroît son propre plaisir, chacun contribue à construire un espace privilégié où la sexualité peut s'exprimer et conduire le couple vers des sensations et des émotions exceptionnelles.

Insaisissable, fugace, obsédant, à la fois autocentré et nourri d'altérité, il n'est pas simple de comprendre le plaisir. Est-ce encore du plaisir, cette sensation qui laisse sur sa faim, avec un vague sentiment de frustration et de culpabilité ? Et ce plaisir dont on ne prend conscience qu'après coup, quand il s'est enfui ? Comment définir le plaisir ? Et, finalement, à quoi sert-il ?

L'orgasme, manifestation du plaisir

Si l'orgasme semble une donnée essentielle du plaisir sexuel, il ne doit pas focaliser toute l'attention, pas plus celle du chercheur ou du thérapeute qui risque de passer à côté d'une vue globale des problématiques, que celle de l'homme ou de la femme pour qui c'est devenu une quête.

L'orgasme se manifeste par certains signes, mais c'est au niveau subjectif qu'il prend toute son importance. C'est pourquoi, il n'y a pas un orgasme, mais des orgasmes qui diffèrent en qualité, en intensité et en nombre, sous l'influence de facteurs divers et complexes.

Pour la femme, ce qu'il y a de commun entre l'orgasme et le sommeil, c'est que plus on y pense et moins on a de chances de l'atteindre.

L'homme ne se pose pas nécessairement la question d'atteindre ou non l'orgasme, mais bien davantage celle de choisir le moment où il arrivera à ce seuil d'inévitabilité qui déclenchera son éjaculation.

Trois phases

Au plan clinique, les chercheurs ont fait le rapprochement entre le déroulement de l'orgasme et les crises comitiales. Trois phases caractérisent ces deux phénomènes :

- la crise comitiale débute par la montée d'une forte tension, appelée « phase tonique » ;
- un état chaotique s'installe, c'est la phase « clonique », qui se manifeste par de brusques convulsions ;
- une phase « résolutive » qui marque la fin de la crise proprement dite, c'est dans le meilleur des cas le retour à la conscience.

Tandis que les crises comitiales menacent la santé et doivent faire l'objet d'un traitement sérieux, l'orgasme est un phénomène naturel et bénéfique. L'orgasme se déroule aussi en trois temps :

- montée de l'excitation sexuelle, qui devient telle qu'elle déclenche la « crise » : contraction des muscles pelviens, accélération du rythme cardiaque, sensation de chaleur, photophobie transitoire. Ces symptômes apparaissent au paroxysme du plaisir, l'homme éjacule, la femme éprouve une expérience souvent indicible quand son orgasme est pleinement accompli ;
- une phase de résolution, les tensions sont apaisées ;
- une sensation de plénitude et de bien-être, due notamment à la sécrétion d'endorphines qui accompagne l'orgasme.

La fonction de l'orgasme

La question de savoir quelle est la fonction de l'orgasme reste encore énigmatique aux yeux de la science.

Cependant, les hypothèses n'ont jamais manqué pour apporter des réponses. Si la sexologie s'est largement inspirée de la psychanalyse, elle n'en a semble-t-il retenu que des théories pouvant fournir des explications, mais peu ou pas efficaces pour résoudre les problèmes sexuels.

> **Wilhelm Reich : l'équilibre du corps et de l'esprit**
>
> Médecin et psychanalyste américain d'origine autrichienne (1897-1957), Reich a d'abord été un disciple de Freud avant d'évoluer vers une compréhension du psychisme restituant au corps toute son importance. Ses idées et sa pratique visaient à libérer les gens de la « cuirasse » de leurs tensions, en leur permettant de faire circuler leur énergie vitale essentielle et d'atteindre, par ce biais, une dimension « orgastique » indispensable à un équilibre harmonieux du corps et de l'esprit.

Les intéressantes intuitions de Reich, basées en partie sur des conceptions traditionnelles indiennes auraient pu donner un second souffle à la psychanalyse, mais elles ont été reçues comme autant de déviances inacceptables en regard du dogme naissant.

L'orgasme de l'homme

Il survient au point culminant de l'excitation sexuelle, quelle qu'en soit la source. L'homme peut avoir des orgasmes par la masturbation ou en faisant l'amour.

Cette crise voluptueuse s'accompagne généralement d'une éjaculation. L'homme ne peut pas, comme certaines femmes, vivre successivement plusieurs orgasmes, car une période dite « réfractaire » suit l'éjaculation. Au cours de cette période, l'homme ne réagit plus aux sollicitations sexuelles et peut même désagréablement les ressentir. Plus l'homme avance en âge, plus la période réfractaire s'allonge.

Orgasmes sans éjaculation

Avant sa puberté, le garçon peut éprouver des orgasmes sans éjaculation. Après elle, il lui arrive d'avoir, pendant son sommeil, des émissions spontanées de sperme sans aucune notion de plaisir.

L'orgasme de l'homme s'accompagne d'une sécrétion d'endorphines qui provoque un puissant effet d'apaisement. Cette sensation est si agréable qu'elle évolue parfois en une véritable addiction (*cf.* p. 43). Beaucoup croient qu'ils sont devenus dépendants du sexe, mais il s'agit en réalité d'une addiction aux endorphines ; la même qui affecte certains sportifs.

Décrire avec précision la physiologie de l'orgasme aide à comprendre comment, à partir d'une zone corporelle limitée, c'est quasiment l'ensemble du système nerveux cérébro-spinal, neurovégétatif, sensitif et moteur qui participe.

Une interrogation plus existentielle à propos du sens du plaisir sexuel ne saurait donc faire l'impasse sur ce phénomène qui n'a cessé d'étonner les humains et les a souvent conduits à donner au plaisir sexuel des valeurs puissantes.

La plupart des hommes pensent que leur orgasme est un phénomène mécanique simple qui fait partie d'une bonne hygiène de vie. C'est souvent ainsi que les choses sont présentées. La découverte du plaisir sexuel commence par la masturbation, continue avec la rencontre de partenaires, puis l'activité sexuelle devenant moins fréquente, se fait de plus en plus rare. Tant que l'homme demeure aux niveaux pulsionnel et compulsif de sa sexualité, son plaisir sexuel correspond en effet à cette jouissance intense et fugitive. En quelques secondes, tout est consommé...

L'orgasme de la femme

L'orgasme de la femme interpelle, étonne, inquiète ou réjouit, mais ne laisse personne indifférent. Déjà, au contraire de celui de l'homme, l'orgasme de la femme est pluriel : clitoridien ou vaginal, parfois les deux. La différence ne s'arrête pas là, en effet, certaines femmes peuvent vivre plusieurs orgasmes successifs sans passer par une phase réfractaire.

Les réactions physiques associées à l'orgasme féminin sont parfois très accentuées, s'accompagnent de gémissements, de cris, d'une sensation de perte de conscience.

L'orgasme clitoridien est ce qui ressemble le plus à l'orgasme de l'homme, violent, intense et bref. Il aboutit parfois à un vague sentiment d'inachevé. L'orgasme vaginal ou profond n'est pas très différent, mais, quand il se produit, il semble que le plaisir passe à la vitesse supérieure, décuple d'intensité, de durée ; le corps et l'esprit sont profondément associés dans la jouissance.

> **Les mots du plaisir**
>
> Beaucoup d'expressions évoquent l'orgasme féminin : « le septième ciel », « la petite mort » appartiennent au langage littéraire, « prendre son pied », « grimper aux rideaux », « s'envoyer en l'air » au langage familier. Un verbe comme « s'éclater » désigne une intense et jouissive implication dans une activité, pas seulement sexuelle. On utilise aussi le verbe « jouir », mais les qualificatifs qui en dérivent – « jouisseur » et « jouisseuse » – ont une connotation péjorative. Ces mots partagent une idée de dépassement, d'envol, d'extrême qui traduisent la dimension paroxystique du plaisir.

L'orgasme de la femme exerce une fascination qui ne se dément pas à travers le temps, malgré les représentations stéréotypées et mécaniques qu'en donnent la presse. Une femme qui n'a pas fait l'expérience de l'orgasme se sent souvent frustrée, voire diminuée, souvent coupable.

Mais à quoi sert le plaisir ?

S'interroger sur le sens du plaisir, c'est réfléchir sur l'autorisation d'y parvenir. Sommes-nous soumis aux interdits d'une religion, d'une culture ? Certaines idées reçues ou fausses croyances s'interposent-elles pour nous empêcher de l'atteindre ?

Le plaisir selon Épicure

« *Hâtons-nous de succomber à la tentation, avant qu'elle ne s'éloigne.* », disait le philosophe Épicure (342-270). Pour lui, le bonheur ne peut s'atteindre que si l'on sait faire la différence entre nos désirs essentiels et nos envies superflues. Jouir de satisfaire nos désirs essentiels nous place donc sur la voie du bonheur. Sa position a été longtemps l'objet de la haine des chrétiens qui se reconnaissaient davantage dans les thèses de Platon, méprisant le plaisir et valorisant la souffrance. Le symbole attribué à Épicure est un ravissant petit cochon qui évoque la gourmandise et la jouissance.

Mais l'épicurisme n'est pas une théorie laxiste qui autorise toutes les dérives, il suppose au contraire un discernement avisé dans les choix existentiels. Les épicuriens ne craignent ni les dieux, ni la mort, et s'efforcent de puiser dans « l'ici et maintenant » une dimension jubilatoire de la vie.

Le plaisir demeure suspect aux yeux des bien-pensants : montrer sa joie, son bonheur n'est pas « correct » en regard d'une posture qui valorise le malheur et les souffrances. Ces opinions se fondent sur un clivage entre l'âme et le corps, entre la raison et la passion et donnent la suprématie à l'intellect, reléguant le corps aux basses œuvres. Ces tendances, très majoritaires dans le christianisme et d'autres religions monothéistes, ont longtemps imposé l'idée que l'homme était supérieur à la femme, car il était supposé faire davantage usage de sa raison, alors que la femme aurait eu le monopole du cœur, mais aussi du corps.

Exercice

Selon vous, à quoi sert le plaisir ? Choisissez l'une des réponses ou classez-les selon l'importance que vous leur attribuez :

1- le plaisir, c'est le sens de la vie, sans lui, la vie ne vaut rien ;
2- le plaisir sert avant tout à se détendre, à oublier les soucis, les contraintes ;
3- le plaisir, c'est le moyen que la nature a trouvé pour obliger les humains à avoir des rapports sexuels et, donc, il participe à la survie de l'espèce ;
4- le plaisir sert à renforcer les liens affectifs et amoureux, sans plaisir une relation n'a aucun sens ;
5- le plaisir sert à vivre heureux.

Le plaisir et le sens de la vie

Si vous placez cette réponse en tête de votre classement, c'est que vous vous reconnaissez dans une philosophie hédoniste. Vous ne vivrez qu'une seule fois et, donc, vous devez en profiter pour faire que votre vie soit la plus épanouissante possible. Cette tendance est à l'opposé de bien des courants de pensées.

Pour la psychanalyse, l'être humain est le terrain de jeu de forces antagonistes qui passent leur temps à le tourmenter. S'il s'écoutait, il irait spontanément vers le plaisir, mais son « surmoi » s'acharne à lui faire prendre conscience de ses erreurs, à le culpabiliser du moindre bonheur.

Pour la morale judéo-chrétienne, c'est un peu pareil. Freud n'a fait que chausser les spartiates des précédents censeurs. La notion de péché et, pire encore, celle de la malédiction originelle pèse de tout son poids sur les aspirations au bonheur, à la connaissance, au plaisir.

Pourtant, en examinant de plus près ce qui motive nos comportements et nos décisions, nous pouvons penser que le plaisir en est le principal moteur. Il y a même une certaine jouissance à se priver de plaisir, puisque cela nous fait apparaître sous un jour plus héroïque...

■ Atteindre le plaisir dans tous les domaines

Si le plaisir est le sens de la vie, cela veut dire qu'on s'applique à l'atteindre, et cela dans tous les domaines. Le plaisir des sens concerne autant la vue que l'ouïe, le goût ou le toucher. On peut donc apprendre à jouir davantage de ses sens par une éducation au plaisir qui aura pour but de développer la sensibilité, la réceptivité et l'aptitude à exprimer ses émotions...

Comprendre le plaisir comme une sorte de chemin de vie, c'est s'ouvrir à des dimensions artistiques aussi bien comme amateur, que comme créateur.

Faire croire aux gens qu'ils peuvent faire de la musique comme des « pros » sans éducation musicale est une imposture, au même titre que de faire miroiter des joies sexuelles extatiques à des personnes qui n'ont même pas encore éveillé leur désir d'expérience en ce domaine.

Le plaisir et le bonheur

Si vous avez choisi la réponse 5, vous vous situez dans une inspiration voisine de la réponse précédente, excepté que le plaisir s'envisage alors comme l'un des éléments du bonheur et non suffisant en soi. Votre position, plus restrictive, tend à situer le plaisir et le bonheur sur des plans différents.

Il est intéressant d'observer que les philosophes qui ont beaucoup écrit sur le bonheur se sont souvent mis à l'abri du plaisir[1]...

Dès qu'il s'agit de sensualité et de sexualité, la bienséance sépare le plaisir du bonheur, présenté comme quelque chose de global, impalpable et fugace. Ne dit-on pas qu'on est seulement conscient du bonheur quand on le perd ? Depuis des siècles, les philosophes et les religieux s'appliquent à montrer que le bonheur ne dépend pas du plaisir (matériel). S'affranchir de la tyrannie des sens est présenté comme une voie d'accès au bonheur suprême...

Même si le plaisir n'est pas le but mais la conséquence d'une relation amoureuse, c'est lui qui en révèle toute la saveur.

Le plaisir et la qualité de la relation

Si vous avez préféré la réponse 4, vous pensez que le plaisir sert la qualité de la relation. En effet, que serait une relation sans plaisir ? L'absence de plaisir représente l'une des plaintes les plus fréquentes en sexologie. La qualité de la relation exige un important investissement personnel de la part de chaque partenaire ; le plaisir vient couronner cet effort : plus on donne de soi, plus on est récompensé.

Le plaisir et la qualité de la relation se lient indissociablement quand on atteint l'équilibre entre « prendre » et « donner ». La sexualité qui demeure pulsionnelle et compulsive n'entre que dans la logique « prendre ». C'est d'ailleurs visible dans certaines expressions comme « prendre son plaisir », « en profiter », « se faire » quelqu'un ou mieux encore le (la) « posséder ». Dans cette logique, les partenaires sexuels jouent un jeu qui évoque la relation entre la proie et le prédateur. L'homme séducteur et machiste qui « tombe » les filles, comme la femme qui « allume » les hommes s'inscrivent dans ce parcours. Vu sous cet angle, le plaisir est centré sur soi, l'autre se voit traité en objet de plaisir.

Dans la logique « donner », c'est autre chose. L'homme amoureux s'applique à « donner » du plaisir à sa (son) partenaire, son propre plaisir est amplifié par la jouissance de l'autre. La femme amoureuse prodigue

---

1. André Comte-Sponville, *Le bonheur, désespérément*, coll. « Librio », J'ai Lu, 2003 ; *La plus belle histoire du Bonheur*, coll. « Points », Le Seuil, 2006.

les caresses les plus voluptueuses qui conduiront son (sa) partenaire au sommet de son désir.

Mais ne soyons pas dupes ! Donner du plaisir est une façon de prendre le pouvoir sur l'autre et, si l'on prend un peu de distance pour étudier les choses, on a vite fait de comprendre qu'aucun homme ne peut « donner » du plaisir à une femme. Il faut d'abord qu'elle s'autorise à en vivre l'expérience.

Amandine, 28 ans

« Depuis que j'ai quitté mon ami, je n'arrive plus à avoir de plaisir et encore moins d'orgasmes avec mon nouvel ami. Pourtant, je n'ai vraiment rien à lui reprocher, il est même nettement plus expert que mon "ex". Pire encore, je suis très amoureuse et je me sens complètement nulle... »

Cette situation a pris fin dès qu'Amandine a compris qu'elle s'interdisait d'avoir du plaisir avec un autre que son « ex ». Ils s'étaient quittés, mais tout se passait comme si elle n'en avait pas fait son deuil.

Le plaisir au service de la survie de l'espèce

Si vous privilégiez la réponse 3, c'est que vous pensez que la nature a inventé le plaisir sexuel pour favoriser le désir d'avoir des rapports et, par conséquent, de jouer dans le sens de la procréation. Si l'on considère le plaisir comme une récompense, on admet facilement que l'humain va chercher à renouveler aussi souvent que possible cette expérience. Qui, plus est, il aurait tendance à rechercher les partenaires avec lesquels il obtient le plus de plaisir... La stabilité des couples ainsi formés pourrait donc constituer des conditions favorables au développement de la progéniture.

Pourtant, de nombreux chercheurs contestent cette hypothèse, en affirmant, pour les plus radicaux, que l'instinct sexuel n'existe pas chez les humains, qu'en fait, toute la sexualité serait un pur produit culturel... D'autres modèrent cette position et soutiennent que le plaisir sexuel travaille dans le sens de l'attachement.

Cependant, si le plaisir sexuel a eu un rôle dans l'évolution de l'homme, nous ne pouvons, à l'heure actuelle, avancer aucune interprétation scientifiquement établie.

Le plaisir, outil naturel d'apaisement

Vous avez choisi la réponse 2, car le plaisir vous apporte une précieuse détente dans votre vie quotidienne, il apaise les tensions. La sécrétion d'endorphines qui l'accompagne joue un grand rôle anxiolytique. Le plaisir ne se limite pas à résoudre les tensions du désir sexuel, mais aussi les soucis, les contrariétés et le stress.

L'orgasme met en jeu de nombreux éléments, tout le corps participe, de plus, il s'effectue sous la forme d'une exonération, l'éjaculation de l'homme, les contractions involontaires de la musculature périnéale de la femme. Symboliquement, et physiquement, il y a bien une expulsion. En même temps que jaillit le sperme par saccades, ce sont aussi les tensions qui s'échappent...

> **Une croyance bien ancrée**
>
> Les anciens croyaient en une symétrie parfaite des organes sexuels mâles et femelles, les premiers étant extérieurs, les seconds intérieurs, ils imaginaient aussi que la femme avait une éjaculation et que c'était le mélange de ces émissions qui créait les conditions favorables à la procréation.

Aujourd'hui, on sait que les choses ne sont pas aussi simples, mais les effets bénéfiques du plaisir sont si nombreux, que l'on pourrait formuler l'hypothèse suivante : l'orgasme, en libérant les tensions accumulées dans l'organisme, effectue une sorte de « redémarrage » de l'ensemble.

Le plaisir sexuel serait donc naturellement bénéfique à l'ensemble de l'organisme et permettrait à son issue de retrouver un fonctionnement optimal.

De l'orgasme à l'extase

Si l'orgasme est une expérience jubilatoire, cela reste assez limité dans le temps. L'homme qui est parvenu à sa maturité érotique désire maintenir son érection le plus longtemps possible, car il a compris que c'était là le chemin de l'extase amoureuse. L'important, c'est de rester connecté à l'autre.

La femme qui a appris à jouer de son organe vaginal peut atteindre les sommets de l'extase, elle est en effet actrice responsable de son plaisir. Il est possible de ressentir des orgasmes agréables, dont on ne saurait mettre en doute la nature même, mais qui n'apportent pas de gratification réelle. La vague orgastique a déferlé, on a été pleinement conscient des sensations, peut-être même, submergé de plaisir, a-t-on quelques instants perdu pied. Mais ce « déjà beaucoup » n'a pas comblé l'attente extatique...

Les chemins de l'extase ne sont pas à la portée de tous, car l'investissement personnel compte pour beaucoup. Les philosophes hédonistes ne s'y trompaient pas, accéder aux plus grandes joies de l'existence humaine requiert un engagement sur une voie, mais aussi certains renoncements. Dans cette optique, l'extase n'est pas seulement un degré de plus dans la gratification sexuelle. En conduisant ce raisonnement à l'extrême, on pourrait affirmer que la sexualité n'est qu'un moyen parmi d'autres sur la voie de l'extase.

Une attitude mentale

Comment s'engager dans la voie de l'extase ? La question n'a cessé d'interpeller les penseurs de toutes les cultures à travers les siècles. Les sociétés occidentales font régulièrement référence aux sagesses orientales qui reviennent un peu à la manière du serpent de mer, quand l'actualité s'essouffle. La mode a porté sur le devant de la scène marchande le mot « zen » qui s'est trouvé soudain vidé de son sens originel pour s'emplir d'images dont on ne saura décider si la niaiserie l'emporte sur la bêtise.

L'engagement sur un chemin de vie résolument hédoniste exige autre chose, à commencer par une certaine attitude mentale caractérisée par un immense appétit de connaissance, un sentiment de liberté vis-à-vis des dogmes et autres idéologies et, enfin, une véritable intelligence du plaisir.

▪ Un immense appétit de connaissances

Voltaire[1], animé d'une foi inébranlable en la nécessité de la connaissance, disait :

« *Plus les hommes seront éclairés, et plus ils seront libres.* »

Si les humains sont parvenus à inscrire leur présence au monde, ce n'est pas en raison de leur taille, comme les baleines ou des dinosaures, ni de leur supposée férocité comme les ours, les requins et les loups. Le plus redoutable outil de l'humain prédateur, c'est son intelligence, capable du meilleur et du pire. Or, l'intelligence de l'humain se fonde sur une utilisation optimale de tous ses sens.

L'éveil des sens vient en effet équiper l'homme de puissants dispositifs de détection, de lecture et de réaction face à un environnement parfois menaçant.

Plus nos sens sont aiguisés, plus nous captons d'informations, plus notre sensibilité peut se développer. Dans la vie amoureuse, cela se traduira par une exceptionnelle qualité d'attention envers l'autre, incontournable si l'on ne se satisfait pas d'un plaisir solitaire pris furtivement, en usant du corps de l'autre...

▪ Renoncer à connaître, c'est renoncer à jouir

Mais les pouvoirs qui contrôlent les hommes s'efforcent de limiter nos désirs de connaissance. Dans certaines cultures, on s'applique à dissimuler les corps, ce qui développe une angoisse face à ses réactions les plus anodines.

Dans des cultures qui s'imaginent libérées, ce sont des images bien précises que l'on impose. La dictature de la normalité se double de

---

1. Jean-Marie Arouet, dit Voltaire, est un écrivain et philosophe français (1694-1778). Il n'était pas athée comme Denis Diderot, mais résolument anticlérical et très critique à l'égard des religions et des superstitions.

haine et de terreur face à la différence et se déploie sur un fond lénifiant qui tend à persuader d'éviter la « prise de tête ». Les limites imposées à la soif de connaître expliquent en partie la plainte sexuelle d'absence de désir.

Le remède ne consiste pas à déverser des avalanches de recettes érotiques, avant de rejeter la responsabilité du dysfonctionnement sur la personne non désirante, mais avant tout de restaurer son attitude mentale de curiosité, indispensable condition pour explorer ses potentiels amoureux.

Renoncer à connaître, c'est renoncer à jouir. L'ignorance est responsable de nos plus grands tourments.

■ Un déficit de curiosité

Les questions relatives à la sexualité sèment encore le trouble chez les plus jeunes et génèrent toujours des explications douteuses chez les autres. Le problème n'est pas tant le manque d'information que le déficit de curiosité.

Une question qui reste sans réponse produit davantage d'angoisse qu'un problème réel. Face à une difficulté bien caractérisée, il est possible de mettre en œuvre des stratégies utiles, mais, si nous devons affronter un vide, c'est un abîme qui se présente et que nous allons peupler des explications les plus fantaisistes.

Dans la relation amoureuse : imagination et créativité

L'appétit de savoir et la curiosité vont donner une place prépondérante à l'imagination et à la créativité, indispensables ingrédients du plaisir. Cette recherche va conduire aussi à explorer ses émotions, celles de l'autre, et mieux les exprimer, la qualité de la connexion amoureuse en sera nettement améliorée. L'appétit de connaissance en amour peut aussi ouvrir l'esprit vers les aspects artistiques, en tant qu'amateur d'art, mais surtout pour arriver à se percevoir comme un artiste en amour, un créateur d'instants érotiques.

Avec un appétit de connaissances en bon état, on en vient à relativiser ce que l'on sait : situer ses propres opinions en regard de ceux dont on subit l'influence, les situer par rapport à des positions antérieures. On en vient aussi à accepter le débat comme source d'enrichissement, de découverte et non comme un champ de bataille.

Les bénéfices d'une telle attitude permettent notamment de confronter plusieurs opinions avant de construire la sienne, de chercher les meilleures solutions dans une situation qui pose problème sans craindre de mettre en œuvre ses capacités de réflexion.

■ S'affranchir des croyances et des idéologies

Voltaire écrivait dans son *Dictionnaire philosophique*[1] :

> *« Lorsqu'une question soulève des opinions violemment contradictoires, on peut assurer qu'elle appartient au domaine de la croyance et non à celui de la connaissance. »*

Acquérir des connaissances a des conséquences libératrices qui peuvent changer radicalement nos chemins de vie, car elles viennent dissiper nos peurs et nous conduisent naturellement à distinguer et à choisir par nous-mêmes nos propres itinéraires. Ainsi, chacun sera amené à se déterminer par rapport à des croyances et des vérités qu'il aura consciemment relativisées.

Si l'on examine une limite qu'on s'impose consciemment ou la manifestation d'un blocage devenu inconscient, on réalise que ces interdits reposent surtout sur des croyances. La voie hédoniste demande de revoir le repérage en cours dans notre représentation de la réalité, afin de centrer son attention sur l'essentiel.

La « carte » de la réalité que propose la culture ambiante n'est pas nécessairement orientée vers la recherche du plaisir, bien que l'accent soit lourdement porté sur une certaine forme de plaisir. Il s'agit donc bien de faire la part de l'essentiel et du reste et de savoir si l'on fait

---

1. Voltaire, *Le Dictionnaire philosophique*, Flammarion, 1993. Paru pour la première fois en 1764.

l'amour pour satisfaire sa faim ou le bonheur d'aimer. Dans le premier cas, on peut accéder à des orgasmes, dans le second, on s'engage sur la voie de l'extase.

Une indomptable volonté de savoir

Dans le passé, les hommes craignaient les dieux et réglaient leurs conduites en fonction des lois religieuses : la peur de l'enfer et celle d'être exclu de la communauté suffisaient à calmer les ardeurs amoureuses de la majorité. La religion reste encore très puissante dans certaines cultures et, brandissant les mêmes menaces, maintient les gens dans un état de soumission.

Pourtant, malgré tout, des êtres animés d'une indomptable volonté de savoir, de s'extraire des obscurantismes existent à toutes les époques. Voltaire écrivait dans l'une de ses célèbres envolées anticléricales :

« *Le premier devin fut le premier fripon qui rencontra un imbécile.* »

Au XVIIIe siècle, Diderot, plus nettement athée, explore les chemins de l'art et de la connaissance. Le mouvement est lancé et, désormais, ces libres-penseurs, infatigables voyageurs, aident leurs contemporains à prendre leurs distances vis-à-vis des dieux et des pouvoirs, et cela en dépit du poids écrasant de la religion. Aucun thème, encore moins celui de l'amour, n'a échappé à leur appétit d'expérience et de connaissance. Ces personnages étaient des libertins, au sens le plus fort du terme.

Le plaisir a un intense besoin de liberté

Aujourd'hui, le mot « libertin » renvoie à une notion vaguement immorale ; il désigne en effet le choix d'une vie sexuelle en apparence libérée, mais, en réalité, solidement ancrée dans d'autres normes. Les gens qui pratiquent l'échangisme, le sexe comme sport collectif, ou la bisexualité se disent « libertins ». Pourtant, il ne suffit pas de changer souvent de partenaire, ni de faire l'amour à plusieurs pour s'affranchir réellement de la dictature normative qui s'applique à l'expression sexuelle.

> **Le libertinage**
>
> Mouvement d'idées apparu au XVIIe siècle, en Italie, avec des penseurs comme Paracelse et Machiavel, le libertinage se diffusera au XVIIIe siècle à travers l'Europe et viendra soutenir la « raison critique » des philosophes. Dès le départ, les libertins se veulent des libres-penseurs et remettent en cause l'ordre établi par les pouvoirs. Ils se réclament de la philosophie d'Épicure, fondée sur la quête du bonheur dans la vie terrestre et le refus de l'obscurantisme.

Le plaisir amoureux a un intense besoin de liberté pour que chacun puisse s'exprimer. La culpabilité, la peur, la gêne, la pudibonderie sont de lourdes entraves dont il faudra se libérer pour jouir au mieux de sa sexualité.

Si beaucoup de religions et de morales ont combattu violemment l'expression de la sexualité, d'autres ont fait de l'amour une sorte d'acte sacré permettant de se connecter avec une divinité. C'est le cas notamment de certaines pratiques venues de l'Inde[1] et de la Chine[2]. Il ne semble pas nécessaire toutefois, dans la culture occidentale, de saupoudrer l'amour de ce parfum de spiritualité pour atteindre les cimes de l'extase. Il appartient à chacun de se déterminer par rapport à ses désirs et de s'affranchir des fausses croyances qui lui interdisent d'accéder au bonheur des sens.

■ L'hédonisme, ou l'intelligence du plaisir

La recherche du plaisir implique de savoir aussi éviter les problèmes et les déplaisirs de toutes sortes.

Pourtant, un bon nombre de philosophes hédonistes ne se gênaient pas pour rechercher les plaisirs charnels d'une sexualité épanouie. En revanche, ils s'opposaient à une liaison durable, en raison des prévisibles complications qu'elle pouvait entraîner.

---

1. Nick Douglas, Penny Slinger, *Les secrets de l'extase*, France-Amérique, Montréal, 1984.
2. Robert Van Gulik, *La vie sexuelle dans la Chine ancienne*, Gallimard, 1971.

> **Démocrite et l'hédonisme**
>
> Le philosophe hédoniste Démocrite préconisait la plus grande prudence dans les relations amoureuses. Il déconseillait de se marier de crainte de voir cette union se détériorer, minée par les routines, les jalousies et les préoccupations liées à l'éducation des enfants. Les plaisirs, dans l'idéal de cette philosophie, résultent de la paix intérieure qu'on aura su obtenir au prix d'une sorte d'ascèse...

Comme la vie terrestre est la seule que l'on soit certain de vivre, mieux vaut la rendre agréable et s'engager résolument dans cette voie. Il faudra faire des choix, établir des hiérarchies de critères afin de profiter au maximum de ses possibilités. Le plaisir des uns ne doit nuire ni aux autres, ni à soi-même. Dans la relation amoureuse, l'expression sexuelle de l'un doit s'accorder à celle de l'autre. Il n'y a pas de plaisir si l'un se sent obligé ou contraint de se soumettre aux désirs de l'autre. Dans ce cas, il ne s'agit plus d'une relation d'amour mais de pouvoir...

■ L'épicurisme, ou l'organisation du plaisir

L'intelligence du plaisir, c'est d'abord une gestion de soi et de ses relations aux autres. Quoi que l'on décide, il y a des limites, des possibles et des interdits. La liberté, c'est d'abord de les identifier et d'adopter ceux qui seront reconnus comme pertinents.

> **L'art épicurien**
>
> Épicure enseignait sa philosophie dans une grande villa, située à la périphérie d'Athènes, qu'il avait nommée « le jardin ». Il y accueillait ses élèves, notamment des femmes qu'il considérait comme égales des hommes, ce qui était potentiellement subversif de son temps. La réputation d'Épicure s'est forgée de son vivant : il passait pour un débauché sans scrupule. Pourtant, ce philosophe pratiquait une véritable organisation de ses plaisirs, rejetant le superflu pour n'accorder de valeur qu'à l'essentiel et en tirer le maximum de bienfaits. Sa réflexion l'a conduit à définir certaines idées importantes dont les principes restent utiles, même à notre époque.

Autrement dit, personne ne peut penser à la place d'un autre. C'est particulièrement intéressant en amour, car la relation doit être parfaitement équilibrée entre partenaires consentants. Au lieu de projeter sa propre représentation du plaisir, il convient de se laisser guider par son partenaire pour apprendre à repérer les signes de sa communication amoureuse. En donnant de son attention, on reçoit toute l'attention de l'autre. La notion d'échange, de communication, de « contrat » amoureux fait partie de cette intelligence du plaisir. Le parcours amoureux est aussi fait d'explorations, de découvertes et d'imagination, mais tout cela n'a aucun sens, en dehors d'un partage réel, d'une communication privilégiée avec l'autre.

Une relation amoureuse

L'état amoureux est généralement décrit comme fugitif et la comparaison avec un « feu de paille » s'applique à la passion vorace qui s'empare des amoureux, victimes comme il se doit d'un « coup de foudre ».

> **L'amour, préoccupation essentielle des humains**
>
> Gregory Bateson (1904-1980)[1], anthropologue, psychologue et philosophe des sciences, est à l'origine du mouvement pluridisciplinaire, l'École de Palo Alto. Ses travaux sur la communication humaine ont eu une influence considérable. Il disait d'ailleurs de l'amour que c'était le *« contexte de tous les contextes »*. L'amour, la relation amoureuse ont inspiré de nombreux chercheurs en sciences humaines, mais aussi les autres artistes. C'est peu dire que l'amour est une préoccupation essentielle des êtres humains.

Pourtant, la relation amoureuse ne saurait se réduire à l'expression passionnelle, aussi délicieuse soit-elle, puisque qu'elle donne aux amants l'énergie nécessaire pour surmonter les pires obstacles matériels, culturels ou temporels.

Les grandes histoires d'amour, comme celles de Roméo et Juliette, Tristan et Iseult finissent mal. La passion est devenue une impasse et les

---

1. Gregory Bateson, *Vers une écologie de l'esprit*, Le Seuil, 1980.

amants doivent renoncer à leur union terrestre. Pourtant, certains mythes de l'Antiquité renvoient une autre image, où la passion anime tout d'abord la relation, mais évolue vers une autre forme de l'amour. Le mythe d'Éros et de Psyché est, à ce titre, tout à fait révélateur (cf. p. 84).

Passion et amour

Même si l'état amoureux présente beaucoup des signes de la passion, l'amour s'en différencie. Schématiquement, on pourrait dire que la passion est une affaire individuelle, alors que l'amour atteint une dimension fusionnelle.

Ce mythe insiste sur un caractère très particulier de la relation amoureuse. Ce ne sont pas seulement les joies sensuelles qui unissent les amants, mais un ensemble d'émotions partagées et le sentiment d'être « faits » l'un pour l'autre. Leur relation les rend indissociables, ils réalisent ainsi la fusion de l'androgyne.

■ Caractères spécifiques de la relation amoureuse

L'une des caractéristiques de l'état amoureux, c'est la sensation de vivre plus intensément : chaque expérience, même banale, prend une saveur inestimable quand elle est partagée avec l'être aimé.

Les amoureux semblent vivre, aux yeux des autres, dans un autre monde. En effet, leur relation a construit un espace-temps privilégié qu'ils habitent. Mais cette demeure intime n'est peut-être qu'un fragile abri de toile qui ne résistera pas longtemps au souffle de la plus légère brise. Seuls quelques privilégiés sauront construire et embellir leur demeure d'intimité, sans qu'elle devienne une forteresse fermée sur elle-même. Le repli sur soi, même quand on le pratique à deux, devient vite une prison, et même dorée, on s'y ennuie et l'on finit par s'entre-déchirer.

La relation amoureuse demande que le choix de l'autre soit toujours renouvelé. Elle doit donc évoluer, en préservant ce qu'elle a d'exceptionnel. Il n'y a pas d'autre recette efficace que la qualité d'attention, l'écoute, le partage et la jubilation des sens.

Quand le plaisir s'inscrit dans la relation amoureuse, celle-ci accroît l'éveil de tous les sens ; chacun d'eux apporte ses propres délices et l'ensemble de cette étrange alchimie dépasse largement l'addition de leurs contributions.

Les émotions et les sentiments font aussi partie du mélange fusionnel. Ce sont les éléments indispensables pour que le plaisir prenne toute son ampleur. La demeure intime des amants se construit avec des sentiments et des émotions : aimer et se sentir aimé en sont les plus solides fondations. La sensibilité des amoureux leur permet de percevoir les plus subtils messages.

■ Un savoir-faire

Pour aller du plaisir à l'extase, il faut aussi un peu de savoir-faire parfaitement maîtrisé. Les grands artistes sont aussi des artisans, ils possèdent à fond des techniques qu'ils mettent au service de leur art.

Entre le plaisir et l'extase, il y a la même différence qu'entre un beau travail artisanal et l'œuvre aboutie d'un artiste. Les talents les plus authentiques bénéficient d'une éducation qui, seule, peut leur donner l'ampleur nécessaire pour exprimer dans leur art les plus subtiles nuances de leur sensibilité.

> **Plaisir sexuel et plaisirs de la table**
>
> Le plaisir sexuel peut se comparer au plaisir de la table. Certains se contentent toute leur vie d'un bon steak avec des frites, d'autres apprécieront la variété d'autres mets. Les amateurs ne s'y trompent pas, la cuisine peut être juste de la nourriture, mais, confiée à des mains expertes et créatives, elle devient un art à part entière.

Mais les plus habiles techniques ne suffiront pas en elles-mêmes, elles ne peuvent se substituer aux sentiments amoureux et ne sont faites que pour le servir.

■ Les modèles de référence pour la sexualité

La plupart des journaux dits « féminins » présentent dans leurs pages « sexo », quand ce n'est pas « sexy », leurs énièmes trouvailles en matière de manipulation érotique, le tout servi sur un plateau de niaiseries « orientolâtres ». Une exploration des espaces d'expressions sur Internet montre que règne l'incompréhension la plus totale. L'exigence de plaisir sexuel est une construction récente et, sans vouloir dénier sa légitimité, il convient de réfléchir aux moyens proposés pour y accéder.

L'ambiance médiatique annonce la couleur, nous vivons dans un monde où prime la richesse, le matérialisme et une grande partie de l'intelligence humaine se concentre sur les moyens de créer de la richesse. Dans le domaine de la santé, on se montre en effet très créatif, encore plus s'il s'agit de médecine sexuelle ou de médecine des bien-portants. Bientôt, nous disposerons d'un arsenal de médicaments destinés à soigner des comportements comme l'éjaculation prématurée qui n'est pas une maladie mais un déterminisme biologique. Il existera aussi, c'est à l'étude, d'autres drogues destinées à stimuler le désir des femmes...

Les modèles de référence pour la sexualité relèvent pour beaucoup de critères pornographiques, même si la plupart des gens sont capables de faire la distinction entre leur sexualité et la pornographie. D'ailleurs, il est parfois difficile de distinguer ce qui relève de la pornographie, du discours sur le sexe ou d'une expression érotique, si l'on en juge par l'utilisation des représentations explicites du sexe...

■ Quelques éléments indispensables

Le chemin qui mène à l'extase n'a rien à voir avec cette cuisine sexuelle... Il existe, cependant, quelques éléments indispensables sans lesquels aucune recette ne saurait réussir.

Une relation amoureuse doit pouvoir s'exprimer totalement, avec la participation active du corps comme des émotions. La gêne, les interdits et autres tabous peuvent faire obstacle au plaisir. Si la pudeur n'est pas à exclure, elle ne doit pas pour autant empêcher toute jouissance. Aimer son corps permet d'aimer le corps de l'autre : le plaisir des sens ne se déploie qu'en présence de cette sensibilité faite de sensualité et d'attention.

Un climat de confiance est aussi nécessaire ; l'extase exige de savoir lâcher prise, d'accepter de ne pas vouloir tout contrôler en permanence. Se sentir en confiance ouvre la voie à la découverte, au partage de l'expérience et permet d'exprimer ses émotions.

Atteindre l'extase amoureuse n'est sans doute pas à la portée de tous, cela exige un cheminement personnel. Il faut donc investir beaucoup d'énergie et renoncer à ses égoïsmes pour y accéder. Il ne s'agit en aucun cas d'une sorte de gymnastique sexuelle, comme le croient certains. Ce n'est pas la complication d'une posture qui apporte la jouissance, mais la joie partagée en cet instant.

Si les recettes peuvent exciter l'appétit, il existe bien d'autres sources auxquelles l'imaginaire érotique peut puiser sans risquer de les épuiser. Littérature, poésie, cinéma abondent de situations érotiques, à chacun de choisir celles qui peuvent orner leur demeure d'intimité amoureuse.

Chapitre 8

Les clés de l'épanouissement

Les représentations mentales exercent une puissante influence sur la sexualité, autant pour la stimuler, la rendre délicieusement jouissive que pour interdire tout plaisir. Mais comment venir à bout des obstacles qui interdisent l'épanouissement sexuel ? Savoir pourquoi on n'a pas de désir ne suffit pas à en donner. L'absence de désir se construit en l'absence d'un « objet » désirable, c'est pourquoi les « thérapies » qui visent à stimuler le désir ne peuvent qu'échouer et aggraver la difficulté. C'est la représentation de l'autre qu'il s'agit de rendre désirable...

Or, il existe un moyen d'accéder à la « boîte noire » qui contient les informations codant les problèmes, comme les autres comportements. Il s'agit de la pensée analogique, qui fonctionne de manière créative, arborescente et qui tisse des liens entre des images mentales et des représentations sensorielles.

Reconnaître ces différentes formes de pensée est une première étape, ensuite, comprendre qu'elles se partagent les tâches car notre cerveau doit en permanence faire face à des situations complexes. Enfin, nous apprendrons à exercer et à développer une pensée analogique, créative et intuitive, pour avoir accès à ces représentations mentales qui influencent notre sexualité.

Comment se structure le psychisme

Les différentes « strates »

Le développement de la personne s'effectue dès sa venue au monde et, comme l'a démontré Lev Vygotsky, essentiellement au travers des relations avec l'entourage.

> **Lev Vygotsky**
>
> Médecin et psychologue russe, Lev Vygotsky (1896-1934) est un contemporain de Sigmund Freud et de Jean Piaget. S'il a pu les étudier, ces auteurs n'ont eu aucun contact avec ses travaux qui n'ont été traduits, notamment en français, qu'à partir de 1960. Piaget en a cependant pris connaissance et a répondu à ses critiques. Les « constructivistes », penseurs qui postulent que nous construisons notre propre représentation du monde, se réfèrent à Vygotsky, car il a montré que les expériences et les relations participent à la création d'un modèle du monde individualisé. Ses recherches sont originales et très différentes des thèses officielles en bien des domaines : développement de l'enfant, rôle de l'environnement, créativité, art.

La construction de la personnalité s'élabore progressivement, un peu comme les perles qui superposent des couches de nacre autour d'un élément central, ainsi, il y a bientôt plusieurs sphères concentriques autour d'un élément central. D'abord, il apparaît la sphère relationnelle autour du nouveau-né, elle se restreint à la mère et à quelques proches. Puis, quand l'enfant grandit et que croît son autonomie, d'autres sphères de relations et d'échanges s'ajoutent. La crèche, l'école, les copains et les copines, les enseignants, les familles des autres enfants qu'il côtoie.

Chaque sphère comprend des expériences de vie : amitié, amour, coopération, hostilité, opposition, imagination et découvertes en tout genres. Arrivée à l'âge adulte, la personne possède une structure plus ou moins solide et utile, constituée de ces différentes strates relationnelles, dont chacune renferme les expériences de référence qui servent de modèle pour les situations qui se présentent. Au final, cette « perle » n'est pas idéalement ronde et lisse, mais présente des particularités et se différencie en cela de toutes les autres.

Par ailleurs, certaines strates de la personnalité partagent des références communes, ce qui explique pourquoi en résolvant un problème à un certain niveau, le bénéfice peut affecter d'autres contextes situés à d'autres niveaux.

Myriam, 29 ans

« Je souffre d'une peur de manquer qui me gâche la vie ; j'ai tout le temps besoin de me sentir rassurée. Je veux toujours me présenter sous mon meilleur aspect, mon look m'obsède... Mon ami ne fait pas attention à moi, parfois, je me dis qu'il ne m'aime pas. Il ne me voit pas, ne me dit jamais qu'il m'aime. J'ai peur aussi du lendemain, je fais des réserves inutiles, je ne veux pas être prise au dépourvu. Et puis, je n'ai aucun plaisir ni désir sexuel, je me rends compte que je ne peux pas tout contrôler et cela m'angoisse... »

Le praticien a proposé à Myriam de commencer par réorganiser son « intendance », de choisir entre l'indispensable et l'optionnel, et d'arriver à définir une limite réaliste à sa peur de manquer. Au rendez-vous suivant, Myriam témoigne.

Myriam, 29 ans, suite

« Au lieu, par exemple, de faire des réserves pour un mois pour me sentir en sécurité, j'ai réussi à les réduire à 15 puis à 8 jours. Je commence à mieux gérer ma vie et je ne fais plus toute une histoire s'il manque un paquet de lessive ou une bouteille d'eau. Je me sens plus libre et plus légère, je sens que bientôt je vais arriver à rire de ma manie de faire des réserves inutiles. »

Quelques semaines plus tard, Myriam avait cessé de traquer le moindre geste ou regard de son compagnon, de lui faire des reproches. Comme il ne se sentait plus jugé en permanence, il a redoublé d'attention à son égard et manifesté ses sentiments sans réticence...

Identifier les « repères » psychologiques des problèmes

Le repérage de la difficulté représente l'étape décisive. Dans beaucoup de cas, nous ne sommes accessibles au changement que là où nous avons décidé qu'il pouvait avoir lieu. De la même façon, il existe une représentation de la manière particulière de changer. Par exemple, certaines personnes sont convaincues que seul un médicament peut les soigner. C'est précisément le cas avec les produits prescrits pour pallier les dysérections.

Or, le cœur du problème n'est pas là où l'on croit le trouver, mais il semble plus « correct » de médicaliser un trouble en regard de certains critères. L'homme qui s'est contenté d'habitudes bien établies se retrouve un beau jour en « panne » d'érection, faute de désir ou d'accueil favorable de ce désir par une compagne devenue peu ou pas désirante... Il est plus simple d'avaler un comprimé que de réfléchir à sa relation, à ce qu'on attend vraiment de la sexualité et de ce qu'on est prêt à investir dans la quête du plaisir et du bonheur des sens.

■ Découvrir le territoire du problème

On peut déjà commencer par se poser quelques questions, afin de découvrir le problème, de comprendre son « utilité »... Par exemple, on peut considérer qu'un problème est une ébauche de solution.

> **Anne-Laure, 34 ans**
> « Je suis mariée depuis 8 ans, j'ai deux enfants, une bonne situation professionnelle. Mon problème, c'est que je n'ai plus envie de faire l'amour avec mon mari. Tous les moyens sont bons, je ramène du travail à la maison, j'ai des maux de tête, j'ai toujours autre chose à faire et je m'arrange pour aller me coucher quand il est déjà endormi. Le week-end, les enfants passent avant tout, je n'ai donc plus une minute à moi. Longtemps, je me suis mentie à moi-même... J'ai fait des stages pour apprendre à mieux gérer mon temps, de la relaxation pour mes maux de tête et j'ai suivi divers traitements, jusqu'au jour où j'ai compris que le problème était ailleurs... C'était le manque de désir sexuel qui se cachait derrière ces "maux". Aujourd'hui, j'ai réussi à en parler, à reconnaître ce qui se passait en moi. Nous sommes décidés à résoudre la difficulté ensemble, je suis rassurée et confiante... »

Anne-Laure et son mari ont réussi à retrouver un élan érotique dans leur vie de couple, mais il a fallu qu'ils modifient leurs croyances à propos de la sexualité, du plaisir, du désir. Ils avaient vécu l'un et l'autre avec les comportements et les croyances d'une sexualité ancrée à un niveau pulsionnel et compulsif. Ils ont réussi à franchir le pas et atteindre le niveau relationnel de leur sexualité.

Des croyances informulées

Dans la plupart des difficultés sexuelles, il existe des croyances informulées mais pas nécessairement inconscientes qui maintiennent le problème dans la durée.

> **Justin, 42 ans**
> « Je passe mon temps à chercher le moindre indice qui prouverait la véracité de mes accusations. Alix doit justifier de son emploi du temps, je comptabilise les kilomètres, je lui envoie des messages sur son portable et la harcèle toute la journée. Alix me dit qu'elle est fidèle et qu'elle m'aime, mais je n'arrive pas à la croire, je suis fou amoureux d'elle, je ne supporte pas que d'autres hommes la regardent. Elle est tout pour moi, j'ai trop peur de la perdre. »

Tout se termine dans les câlins les plus torrides, mais le même scénario de jalousie recommence à la première occasion. Un léger retard, une nouvelle coiffure, un coup de téléphone imprévu...

Le problème de Justin n'est pas un problème amoureux, ni affectif, ni sexuel, même s'il se manifeste sur un plan passionnel. La jalousie ne peut se développer que chez ceux qui manquent de confiance en eux et qui croient que les autres cherchent à les tromper. Or, dans un couple, celui ou celle qui va « voir ailleurs » ne le fait pas dans la perspective de « tromper » l'autre, mais cède à une attirance et cherche à se faire plaisir et non à nuire à l'autre...

Pour que Justin arrive à vaincre son problème, il devra travailler à deux niveaux : la confiance en soi, puis ses croyances à propos des relations.

Accéder aux représentations mentales

La pensée analogique n'a pas sa place dans les logiques aristotéliciennes fondées sur le raisonnement déductif ou inductif, la juxtaposition, les syllogismes et, surtout, la construction de relations de causalité. Sans la pensée analogique, l'art n'existerait pas, ni la créativité, ni l'intuition...

Premiers pas vers la pensée analogique

■ Cadres de la pensée logique

Notre pensée se déploie dans un cadre qui la limite. Par exemple, quand on rejette une opinion sous prétexte qu'elle ne semble pas « logique », cela présuppose qu'on sait distinguer entre des pensées « logiques » et d'autres non « logiques ». Comme nous avons très tôt appris à n'utiliser qu'une certaine forme de pensée, nous nous limitons à un fonctionnement, qui s'appuie sur des logiques aristotéliciennes pour la forme et sur une morale inspirée de la religion pour la valeur des affects. Cette pensée habituelle utilise une « conscience » : on sait ce que l'on fait au moment où on le fait. Or, même un rapide survol de nos prises de décisions montre les failles de ce cadre.

> **Damien, 35 ans**
> « J'avais consulté un spécialiste, il y a 10 ans, pour éjaculation prématurée. Ma femme était participante, et après quelques séances, ça allait mieux. Bien que mon problème soit résolu, je ne me sentais pas guéri, car je voulais en connaître les causes profondes. J'ai donc commencé une analyse et, rapidement, mon analyste m'a fait découvrir les causes profondes de mon éjaculation prématurée, mon hostilité refoulée envers ma femme, ma mère et toutes les femmes, mes tendances homosexuelles sous-jacentes. Ce symptôme était une manière d'échapper à ma condition d'époux et de "punir" ma femme. Je me suis senti profondément dégoûté et suis tombé dans la dépression. Le climat à la maison est devenu très difficile à vivre ; mon problème d'éjaculation prématurée était revenu de plus belle... Nous avons donc songé au divorce

La même année, ma femme et moi avons été mutés et, du fait de ce déménagement, j'ai cessé mon analyse. Ce changement de cadre a entraîné bien d'autres changements. C'est moi qui suis parti en premier, j'ai été très occupé, trop pour penser à mes problèmes. Ma femme est arrivée un mois plus tard, il nous restait des vacances, ça a été une véritable redécouverte. Cette fois, je n'ai pas cherché à analyser... »

La connaissance des conséquences de nos actes ne suffit pas à nous dissuader de décisions pouvant se révéler néfaste pour nous-mêmes ou autrui. La connaissance des causes d'un problème ne permet pas nécessairement de le résoudre.

> **L'inconscient**
> Freud attribuait nos décisions et comportements « irrationnels » à l'influence de l'inconscient, prompt à nous jouer des tours et à révéler nos désirs secrets et refoulés. Mais il existe bien d'autres hypothèses pour aborder, à la fois la notion d'inconscient et de conscience.

Pour accéder facilement aux représentations mentales des difficultés sexuelles, nous avons besoin d'élargir notre propre représentation du fonctionnement de la pensée. En effet, ce n'est pas en cherchant des causes profondes ou superficielles à nos problèmes, mais en modifiant leur sens que nous les résolvons.

■ Cadres alternatifs

Le psychologue américain Julian Jaynes (1920-1997) a posé l'hypothèse de la « bicaméralité » originelle de l'esprit[1] et de l'apparition progressive de la conscience, au sens où nous l'acceptons de nos jours. Pour ce chercheur, les humains de l'Antiquité[2] utilisaient un double fonctionnement de la pensée. En situation de stress, par exemple, une partie de la

---

1. Julian Jaynes, *La naissance de la conscience dans l'effondrement de l'esprit bicaméral*, 1994 (paru d'abord en 1976).
2. Julian Jaynes évoque une Antiquité remontant à environ 3 000 av. J.-C.

pensée donnait des instructions et des ordres à l'autre qui les exécutait. Ces deux niveaux n'étaient ni conscients, ni inconscients... :

> « La conscience est une partie de notre vie mentale beaucoup plus petite que nous n'en sommes conscients, parce que nous ne pouvons pas être conscients de ce dont nous n'avons pas conscience. [...] Ainsi, on peut avoir l'impression que la conscience se retrouve dans tous les processus mentaux alors qu'en fait, il n'en est rien. »

Cette hypothèse permet de penser autrement, de sortir du cadre habituel, et ce faisant d'accéder à nos représentations mentales les plus actives dans nos comportements et nos décisions. Ainsi, Julian Jaynes décrit ce qu'il nomme « l'esprit bicaméral » :

> « [...] les voix bicamérales dans l'Antiquité étaient presque de même nature que les hallucinations auditives chez des contemporains. Elles sont entendues par des gens tout à fait normaux à des degrés divers. C'est souvent le cas dans des moments de stress, où l'on peut entendre la voix rassurante du père ou de la mère. »

Jaynes explique aussi que, dans l'Antiquité, les hommes pouvaient dialoguer avec leurs dieux. Les statues et les représentations des dieux leur semblaient pourvues d'une vie réelle bien que différente de celle des humains. Le dieu, par sa statue, pouvait donc parler, se faire entendre et se faire obéir.

La pensée analogique

La pensée logique, même si elle s'applique à intégrer un certain degré d'irrationnel, en fabriquant le concept d'inconscient, ne parvient pas à atteindre la sphère sur laquelle gravitent les problèmes. En revanche, les travaux et les recherches sur l'hypnose et les états modifiés de conscience ont montré que notre esprit fonctionnait en permanence sur deux plans : un plan conscient et un plan non conscient, ce qui ne veut pas dire inconscient.

Si nous pensons et parlons de l'amitié, nous allons la décrire comme une relation privilégiée entre deux personnes ; certaines émotions la caractérisent. Mais, sans en être vraiment conscients, pour parler de l'amitié, nous faisons référence à notre propre expérience de l'amitié et nous allons penser, pour en parler, à un ami ou à une amie.

En parallèle, de nombreux travaux en neurosciences ont montré qu'il n'était pas possible de penser de manière totalement abstraite, mais que toute pensée, même conceptuelle, était métaphorique. Autrement dit, lorsque nous pensons, nous utilisons des représentations mentales, sensorielles ou des symboles qui remplacent l'objet auquel on pense. Les parcours de la pensée font appel à des analogies entre des éléments.

En matière de sexualité, hommes et femmes détiennent un savoir conscient et une connaissance en partie non consciente, construits en fonction de leur expérience, leur éducation, leurs croyances...

La dimension sensorielle de l'expérience

Toute expérience est d'abord sensorielle : la vue, l'ouïe, le toucher, l'odorat, le goût y sont présents, et les informations que les sens perçoivent sont codées afin que la mémoire puisse les restituer. En outre, pour décrire une expérience sensorielle, il faudra avoir recours à un support analogique ou métaphorique. Par exemple, pour évoquer la couleur rouge, on la compare à des objets qui partagent le même caractère coloré : rouge comme une tomate, une voiture de pompier...

La métaphore, riche de sens, exclut l'absence d'un « non-sens ». En effet, ne pas vouloir voir le rouge nous oblige à le concevoir. Pour indiquer qu'il est interdit d'utiliser son portable, la signalétique utilise l'image barrée de cet appareil, de même pour l'interdiction de fumer, le pictogramme ne peut pas éviter de représenter une cigarette barrée.

Ces deux constats sont lourds de conséquences dans les processus de changement et de thérapie. En effet, cela exclut de travailler sur des objectifs exprimés à la forme négative, car ils ne peuvent être représentés que sous la forme du problème associé à une négation. Un objectif tel que « je ne veux plus rester frigide » renvoie à la représentation de cette « frigidité » et ne permet guère d'avancer vers un mieux être, tandis que « je veux avoir du plaisir en faisant l'amour » évoque une toute autre expérience.

> **La sensation se situe en dehors du temps**
>
> Une sensation est atemporelle, en dehors du temps, indépendamment d'une expérience initiale qui aurait donné lieu à l'apprentissage de cette sensation. Peu importe la date à laquelle, pour la première fois, vous avez humé le parfum du jasmin, s'il vous envoûte, c'est pour toujours !

Comment découvrir la « boîte noire »

La métaphore de la « boîte » noire évoque la présence d'un espace mental riche de sens. C'est un dispositif embarqué à bord des avions qui enregistre ce qui se passe dans l'appareil. L'examen des enregistrements permet de reconstituer les processus qui ont conduit à un mauvais fonctionnement, voire à un accident.

Nous utilisons cette métaphore pour souligner que notre cerveau dispose d'enregistrements de nos expériences, de nos représentations. C'est à cette source que nous puisons les références de nos décisions, selon la théorie bicamérale de Julian Jaynes.

> **Analyser nos impressions**
>
> Certaines expériences, comme l'impression de « déjà vu » ou une « première impression » favorable ou défavorable s'élaborent dans un fonctionnement simultané de notre conscience et de processus non conscients qui associent et comparent les informations de l'ici et maintenant avec celles dont le contenu est codé dans cette boîte noire...

On sait que l'état d'hypnose se caractérise à la fois par une baisse de la vigilance et une extraordinaire capacité de concentration. En état d'hypnose, la pensée consciente, logique, rationnelle est mise en léger sommeil, permettant l'expression des représentations contenues par la boîte noire sous forme d'analogies ou de métaphores.

La sexualité étant presque totalement dépendante du système nerveux involontaire ou autonome, notre seule façon d'agir sur l'involontaire passe par l'intermédiaire de la boîte noire. En état d'hypnose, tout se passe comme si l'on projetait sur un écran le contenu de cette boîte noire : représentations sensorielles et émotionnelles liées à l'expérience. Mais, au cours de ce processus, les représentations se transforment et deviennent des symboles, des métaphores, des analogies. Tandis que cette magie opère, notre dimension consciente observe : spectatrice privilégiée qui saura à travers ce cheminement trouver les informations et les ressources nécessaires pour surmonter ses difficultés.

> **L'état de double conscience**
>
> L'expérience hypnotique établit un état de double conscience : une partie qui explore et une qui observe, leur communication s'effectue grâce à la pensée analogique. L'état de double conscience permet de modifier soi-même ses représentations mentales et donc d'agir sur les comportements et les perceptions qui caractérisent ses difficultés.

L'exemple du vaginisme est tout à fait explicite des manifestations de cette double conscience (cf. chapitre 5).

Comment utiliser la pensée analogique

Confier ses difficultés à un thérapeute expérimenté est certainement une bonne solution, mais son rôle se limite à faciliter le contact de la personne avec la représentation de ses difficultés. C'est donc toujours la personne qui agit sur ses propres problèmes.

La plupart des problèmes sexuels prennent racine sur des représentations mentales inadaptées à l'épanouissement, leur résolution nécessite donc de modifier ces représentations et de faire évoluer la compréhension de la sexualité vers un sens favorable. Il ne s'agit jamais d'imposer un sens ou une interprétation des symptômes comme dans des approches d'obédience analytique. C'est à la personne de faire évoluer elle-même le sens de sa difficulté sexuelle, mais munie d'un outil puissant : la pensée analogique.

Nous utilisons cette façon de penser quand nous avons une intuition, quand nous laissons libre cours à notre imagination, quand l'écoute d'une musique fait apparaître images et émotions.

La poésie, les contes, les mythes

La pensée analogique est fortement sollicitée dans la poésie et les contes et les mythes qui reflètent les codes culturels et les valeurs en vigueur dans la société où ils ont été conçus. Les habiletés de l'auteur varient. Dans l'Antiquité grecque, on apprécie que le poète soit un bon artisan. Dans un article sur la poésie grecque, Zygmunt Kubiak[1] affirme que le poète est un *« fabricant de beaux objets »* qui doit maîtriser les règles linguistiques, utiliser à bon escient les rimes les plus riches et se montrer très précis. En effet, chaque mot renvoie à des images et à des codes culturels souvent ignorés.

Beaucoup de contes et de mythes sont porteurs de messages, celui de la Belle au bois dormant est très révélateur, à condition qu'on sache se libérer d'une lecture trop influencée par la psychanalyse.

La Belle au bois dormant

La Belle, ainsi que tout son entourage, se retrouve endormie pour 100 ans, à cause d'une méchante fée qui lui a jeté un sort. Seul l'amour d'un prince saura la réveiller. Dès qu'elle s'endort, un immense taillis de ronces et d'arbres encercle le château, le rendant inaccessible. La prédiction s'accomplit, le joli prince vient à bout de tous les obstacles et réveille la Belle d'un baiser. Mais il n'ose parler de l'aventure à ses parents et mène avec elle une vie secrète. Ils se voient de temps en temps, le prince prétexte la chasse et ensemble mettent leur amour à l'abri. Deux enfants ne tardent pas à naître.

Quand vient son tour de régner, le prince annonce officiellement son union et la Belle fait une entrée triomphale chez son roi de mari. Mais la reine mère est une cruelle ogresse et, profitant de l'absence de son fils parti guerroyer, entraîne la Belle et ses enfants dans sa résidence campagnarde au fonds des bois. Là, elle ordonne à son cuisinier de lui servir successivement les enfants, puis la reine. Grâce à une ruse, ils échappent à l'ogresse qui s'en aperçoit et leur mijote un horrible châtiment. L'ultime marmite engloutira l'ogresse au retour du roi...

---

1. Zygmunt Kubiak (1929-2004) est un écrivain polonais, essayiste, spécialiste de l'Antiquité grecque. Il a reçu de nombreux prix littéraires. L'article cité provient de la revue *Connaissance Hellénique*, n° 107, avril 2006.

Ce conte peut être compris comme une métaphore du parcours de développement de la personne. Il fait en effet la part des choses qui sont données au départ et qu'on ne peut pas changer et de celles que le courage, la détermination ou la ruse rendent accessibles. Le conte de Perrault n'occulte ni la bêtise, ni la méchanceté, ni l'injustice, ni la mort. L'amour semble juste là pour pimenter un peu le récit, la véritable histoire, c'est celle d'un parcours initiatique qui conduit au statut de personne.

Bien d'autres mythes utilisent la métaphore de l'amour secret, de la vie parallèle permettant d'éviter les foudres d'une dangereuse belle-mère. On trouve aussi cela dans le mythe d'Éros et de Psyché (cf. p. 84).

Que représente le personnage de la belle-mère ? Celui du prince ? Celui de la Belle ? Chacun peut concevoir sa propre interprétation, le conte n'est qu'un chemin, il nous appartient d'en imaginer le paysage, les couleurs... En fait, ce chemin nous conduit à nos propres représentations du monde et nous aide à donner un sens à ce que nous vivons, sans qu'à aucun moment ne soit prononcée la moindre parole pour évoquer une croyance ou une quelconque morale...

On peut également donner un autre sens au conte. Il peut aussi symboliser le cheminement de l'érotisme, depuis les « dons » légués à la Belle, en passant par une déconvenue, conséquence de sa curiosité et de sa maladresse. Voici la Belle endormie, exclue du monde réel, solidement gardée et recluse dans ses rêves. C'est aussi la curiosité et la toute-puissance du désir qui conduisent le héros à écarter les obstacles et à réveiller la Belle...

■ La pensée analogique au service de la thérapie

La liste des interprétations ne se limite pas à ces quelques pistes, chacun peut construire sa propre lecture. Mais qu'on ne s'y méprenne pas, ces contes ne sont pas des histoires anodines et naïves comme leur récupération par une certaine forme de culture dite enfantine pourrait le laisser penser. Le texte original, tel que l'a rédigé l'auteur, brille au contraire de précision, le langage poétique procède d'une véritable rigueur artistique, il laisse toute liberté au lecteur de construire sa propre représentation de l'œuvre. Le texte ne porte pas de message comme pourrait le faire un écrit dont le but est d'informer, mais propose au lecteur une voie à explorer.

En s'inspirant de ces chemins de découvertes, il a été possible d'élaborer des textes pour la thérapie (*cf.* annexes). Ces textes n'ont pas de prétention poétique, mais ils permettent de dynamiser la pensée analogique, afin d'explorer son expérience et de trouver des solutions personnalisées à ses difficultés et notamment ses problèmes sexuels.

Conclusion

L'histoire personnelle de chacun demeure singulière, mais partage certaines étapes de développement. Pour s'épanouir, il est indispensable de ne pas entraver la curiosité, ni l'appétit de connaissance, ni l'éveil sensoriel, et ceci quel que soit le domaine.

Une sexualité jubilatoire ne se conçoit pas dans la haine ou l'ignorance, mais dans l'amour, la joie et le plaisir. On ne peut aimer les autres sans avoir commencé par soi-même, ni vivre en harmonie quand on souffre de conflits intérieurs.

Il appartient à chacun de choisir et de conduire son épanouissement. Pour notre part, nous privilégions une voie hédoniste, solidement ancrée dans l'ici et maintenant, capable de différencier le savoir et les connaissances, et de s'investir sur l'essentiel de la vie : l'amour !

Annexes

La pensée analogique : textes choisis

Les textes sélectionnés répondent à plusieurs objectifs : se connecter à la sensorialité, se libérer des entraves et des fausses croyances, intégrer les différentes facettes de sa personnalité.

La plupart des textes sont utilisés au cours de séances d'hypnose, sous forme de « scripts ». Le thérapeute les lit au cours de la séance, tout en respectant le rythme de la personne. On peut aussi en prendre connaissance individuellement, à condition toutefois de les lire avec attention, en prenant son temps et en laissant se former des images mentales au fur et à mesure que l'on découvre le texte.

Si vous pouvez le faire, prenez le temps d'enregistrer ces textes, en les lisant lentement à voix haute. Choisissez un lieu et un moment, où vous ne serez pas dérangé, installez-vous confortablement et écoutez votre enregistrement, en laissant libre cours à votre imagination. Si vous ne pouvez pas enregistrer le texte, lisez-le en utilisant votre dialogue intérieur, ou en imaginant une voix agréable qui vous le lit, ne cherchez pas à aller trop vite, mais davantage à goûter les sensations suggérées.

La plage, une fin d'après-midi d'été

C'est le plein été, il fait encore très chaud sur la plage, même en fin d'après-midi. Vous marchez le long de la plage et vous remarquez que le soleil est de plus en plus bas sur l'horizon. Vous vous rapprochez de l'eau et vous sentez le sable sous vos pieds, frais, humide, tassé. Le soleil prend une belle couleur orangée, la mer semble devenir violette, l'air est très calme.

Les vagues viennent doucement vers la plage et fondent en une frange d'écume douce et légère, très blanche. Chaque vague apporte un peu de vent salé, et vous pouvez goûter ce sel en passant la langue sur vos lèvres.

Peu à peu, les couleurs changent, et le paysage devient plus sombre tandis que le soleil semble plonger dans la mer qui se teinte de brillantes couleurs. On dit que parfois, à un instant précis du coucher du soleil, on peut voir un rayon vert, juste une fraction de seconde, éclairer la mer comme par magie...

Alors, vous décidez de profiter pleinement de ce spectacle et vous gravissez une dune de sable blanc. Vos pieds s'enfoncent dans le sable qui est très fin, c'est une sensation agréable, le sable est encore tiède de la chaleur de la journée...

Vous vous installez en haut de la dune, il y a des milliers de petites fleurs jaunes, et rouges, des herbes de la couleur du sable et d'une infinité de nuances. La mer a pris une teinte argentée là où se reflète encore le soleil. Vous pouvez regarder tout cela dans les moindres détails, et vous percevez des couleurs comme jamais peut-être vous n'aviez imaginé. Le ciel a une couleur de feu, et de très légers nuages se teintent d'un violet intense, et toutes ces couleurs se reflètent sur la mer qui est orange avec de petites nuances violettes soulignées de courbes argentées...

L'atmosphère de ce lieu est très paisible, et en regardant ce coucher de soleil sur la mer, vous vous sentez bientôt gagné par une sensation de paix et de sérénité.

Promenade dans un jardin enchanté

Devant vous, vous découvrez un immense jardin qui s'étend à perte de vue sur une colline qui surplombe la Méditerranée. La nuit est tombée et la pleine lune éclaire le paysage d'une lueur un peu mystérieuse. L'air est tiède et embaumé, vous entendez les grillons, qui cessent leur chant lorsque vous marchez pour le reprendre dès que vous êtes un peu plus loin...

Le chemin que vous descendez traverse une orangeraie. Sous la lumière de la lune, les orangers apparaissent d'un vert très doux, leurs feuilles brillent et leurs oranges semblent scintiller. Le parfum des oranges bien mûres envahit l'air de sa présence, et cela vous donne envie de goûter une orange. Vous la cueillez et vous mordez dedans, le jus de l'orange est sucré et frais, il gicle dans votre bouche et vous le dégustez en profitant pleinement de toutes les sensations.

Vous reprenez votre chemin et bientôt vous arrivez à une petite place bordée de citronniers. Ils portent des fruits énormes, d'un jaune étincelant. Vous en cueillez un, sa peau est douce et épaisse, facile à peler. L'odeur du citron s'en dégage et vous donne envie d'y goûter. Vous mordez dans le citron, le jus de citron est acide mais subtilement parfumé, cela vous fait saliver. Le goût et l'odeur du citron vous accompagnent tandis que vous poursuivez votre promenade.

Vous vous trouvez bientôt au bord d'une terrasse d'où vous voyez la mer et les lumières le long de la côte, il y a un escalier de pierre sur votre droite, encadré par deux statues de marbre blanc. Vous descendez cet escalier et vous vous arrivez près d'une roseraie, vous ne la voyez pas encore mais le parfum des roses vous guide. Près de la roseraie se trouve une piscine toute blanche, l'eau semble comme éclairée, et elle est couverte de pétales de roses.

Vous ôtez vos vêtements et vous glissez dans l'eau, vous vous laissez flotter, rêver au milieu des pétales de roses... Le ciel est rempli d'étoiles...

Puis, vous sortez de l'eau, vous vous dressez, l'air de la nuit est frais, vous frissonnez légèrement.

Vous découvrez tout près une sorte de tonnelle, bien à l'abri du vent, il y a une grande balancelle. Vous y prenez place, les coussins sont moelleux, vous vous allongez et vous vous laisser bercer doucement...

Peu à peu, le sommeil vous envahit, c'est une sensation très agréable, et vous l'accueillez...

Bientôt, vous vous souvenez d'un rêve que vous avez fait il y a si longtemps que vous l'avez complètement oublié...

C'était à la montagne, en hiver, vous étiez dans une cabane comme on en trouve dans les forêts, assis près de la cheminée où brûle un feu de bois.

Vous regardez le feu, les flammes qui dansent, les braises qui rougeoient. C'est incroyable comme ce feu est plein de couleurs, de nuances, de l'orange au rouge sombre, carmin, jaune, blanc... Le feu n'est pas silencieux, il y a parfois des étincelles et vous entendez des crépitements tandis qu'elles montent dans l'âtre avant de disparaître.

Vous sentez la chaleur du feu... Des picotements sur vos cuisses, une sensation de chaleur intense sur le devant de votre corps, une douce tiédeur sur votre visage...

Il règne une atmosphère très calme et pourtant ardente, l'odeur du feu de bois est très présente, très bienfaisante...

Vous avez dormi assez longtemps pour vous sentir plein d'une énergie sereine, vous êtes prêt à reprendre votre chemin, et vous saurez revenir à cet endroit pour vous ressourcer chaque fois que vous le souhaiterez.

Ces deux textes ont pour but de nous reconnecter à nos perceptions et représentations sensorielles. Nous connaissons l'importance des sens ; d'ailleurs, la sensualité, qualité indispensable à la vie érotique, n'est-elle pas d'abord éveil des sens ?

Or, les difficultés sexuelles tendent à installer une sorte de défiance vis-à-vis des sens qui apportent plus de souffrance que de jouissance. On comprend que, pour accéder aux bonheurs des sens, il faille d'abord restaurer la confiance.

Le texte suivant propose de prendre contact avec certaines facettes de sa personnalité. Il effectue une sorte de dissociation, afin de prendre du recul par rapport à des problèmes ou à des situations particulières. Il permet aussi d'explorer une difficulté de façon personnalisée.

Le miroir magique

Vous voilà arrivé devant une porte, vous savez que derrière cette porte, vous allez faire une rencontre décisive, vous hésitez un peu, mais, vous poussez la porte et vous entrez dans la pièce. Il n'y a rien d'autre qu'un miroir dans cette pièce, un grand miroir et vous savez déjà que ce n'est pas un miroir comme les autres... Il reflète votre image, mais aussi celles de toutes les différentes facettes de votre personnalité, aussi, vous pouvez y voir certaines parties de vous-mêmes, celles qui vous motivent, ou qui vous découragent, qui vous rendent joyeux ou triste...

Et, vous savez bien que parfois vous vous retrouvez en train de faire des choses ou de prendre des décisions en ayant le sentiment de ne pas être maître de la situation, un peu comme si un autre vous-mêmes avait pris la direction...

Vous regardez dans le miroir, et près de vous sur le reflet se tient cette partie de vous-même qui semble décider à votre place et contre laquelle vous tentez de lutter en vain.

Vous aviez envie de lui dire tout le mal qu'elle vous fait, toutes les souffrances qu'elle vous inflige, mais, en la regardant attentivement, vous savez qu'elle le sait aussi, et que, si elle vous « pilote » parfois c'est qu'elle n'a pas trouvé d'autre solution pour s'exprimer ou se faire entendre.

Vous prenez le temps de l'écouter, de la comprendre, puis vous la rassurez, vous avez compris son message. Il vous vient à l'idée que vous pourriez peut-être faire quelque chose pour cette facette de vous-même, lui montrer le chemin du jardin enchanté, ou lui offrir un abri de son choix, ou un temps et un lieu où elle pourrait s'exprimer ou encore lui proposer un marché...

Après tout, c'est vous qui décidez de votre vie, vous voulez être en paix avec vous-même et non vous plier à des choses qui ne vous conviennent pas. Vous expliquez clairement tout cela à cette partie de vous, à présent, les choses sont claires, elle comprend vos objectifs et vous assure qu'elle fera tout son possible pour vous aider à les atteindre et respecter vos choix...

Elle a une requête, cependant, elle veut que vous lui promettiez de revenir devant ce miroir magique pour dialoguer avec elle, ou une autre facette qui serait responsable d'une difficulté, chaque fois que vous vous sentez en désaccord avec vous, ou décalé par rapport à ce que vous aviez décidé...

C'est une bonne idée, vous la remerciez de vous la suggérer et vous promettez... Cette facette de vous-même semble plus sereine à présent, l'expression d'inquiétude a quitté son visage, dans le miroir, vous souriez à votre reflet, unique à présent.

Ce texte a pour but de rétablir un accord en soi. En effet, nous pouvons ressentir certaines difficultés comme si c'était une autre partie de soi qui alors prenait les commandes. Tant que nous n'avons pas pris connaissance des objectifs réels de cette partie de soi, il est difficile d'aller vers des solutions.

Le cheminement proposé dans ce texte est utilisé de différentes manières, notamment en PNL[1] dans les techniques permettant de recadrer une difficulté.

---

1. Catherine Cudicio, *Le grand livre de la PNL*, Eyrolles, 2004.

Scène de libération

De nombreuses fausses croyances et autres interdits entravaient l'épanouissement sexuel. Voici un texte qui permet de progresser vers sa liberté.

Aux environs de 420 av. J.-C., le philosophe grec Antiphon enseignait à quelques élèves et son vœu le plus cher était de leur apprendre à penser par eux-mêmes... Il croyait en la puissance libératrice du langage. D'aucuns le considèrent comme l'un des tout premiers psychothérapeutes, l'inventeur de la psychanalyse, lit-on parfois.

La puissance libératrice du langage

Vous devez savoir que depuis toujours, vous avez été trompés, ce que vous voyez de la réalité ne vous parvient que déformé, faussé. C'est en réprimant votre curiosité naturelle, en vous privant de connaissances, en évitant de répondre à vos interrogations, ou en vous donnant de fausses réponses, que peu à peu, une sorte de barrière s'est construite.

Ainsi, les choses se passent comme si vous perceviez la réalité à travers un filtre, assez transparent pour laisser deviner ce qu'il y a derrière, mais assez opaque pour en masquer l'attrait. C'est un peu comme si vous viviez sous une cloche, vous devinez ce qui vous entoure sans pouvoir l'atteindre. Mais, maintenant, vous vous sentez prêt à franchir cette barrière. Vos sens sont en alerte et votre énergie libérée...

Cette force qui est en vous est capable de renverser tous les obstacles, elle chante en vous, et cette vibration fait bientôt vaciller l'écran vitreux, il se met à trembler, commence à se craqueler... Des morceaux entiers s'écoulent, fragmentés en tout petits morceaux inoffensifs, scintillants comme les dernières gouttes d'une averse que chasse un rayon de soleil.

Une lumière claire et franche éclaire à présent le paysage qui s'étend devant vous, toutes les perceptions sont accessibles à vos sens, les couleurs, les sons, les goûts, toutes les connaissances sont à votre portée, vous vous sentez légers et plein de curiosité, prêts à découvrir enfin votre réalité.

Pourtant, il reste quelque chose d'important à accomplir, et vous vous dirigez vers un bâtiment, vous entrez et vous avancez dans le couloir. Il y fait assez sombre, mais cela ne vous dérange pas. Le long de ce couloir, il y a des portes, et chaque porte s'ouvre sur une pièce qui contient des souvenirs, certains sont désagréables, d'autres non, il y a aussi des pièces qui abritent les symboles de fausses croyances ou d'interdits désormais inutiles. Vous trouvez derrière certaines portes l'image de quelqu'un qui vous a fait peur quand vous étiez enfant, cela vous fait rire à présent, vous pouvez enfermer ces images dans une toute petite boîte, ou en faire un album, ou carrément les jeter...

Vous comprenez que vous devez faire un tri impitoyable, garder ce qui vous est vraiment utile, ce qui vous a apporté une expérience vraiment importante pour votre vie, et vous débarrasser du reste. Vous savez que cela vous prendra un peu de temps pour tout remettre en ordre, mais maintenant que vous avez abattu l'obstacle qui vous privait de vos sens et de votre jugement, aucune tâche ne vous semble impossible... Vous allez à votre rythme, en examinant tout cela d'un regard neuf, avec un intense sentiment de liberté et de sérénité...

La fin de ce texte incite à se recentrer sur l'essentiel, retrouver le plein usage de ses sens et de son discernement, il va évidemment changer notre interprétation du passé. Des expériences qui nous semblaient terriblement lourdes peuvent désormais révéler une information utile et perdre leur capacité à pénaliser notre présent.

Bibliographie

Francesco Alberoni, *Le choc amoureux*, Plon, 1980.

Élisabeth Badinter, XY *De l'identité masculine*, Odile Jacob, 1986.

Gregory Bateson, *Vers une écologie de l'esprit*, Le Seuil, 1980.

Marcel Baudouin, *Le maraîchinage, coutume du pays des Monts de Vendée*, 4ᵉ édition, 1917.

Judith Butler, *Défaire le Genre*, Amsterdam, 2006.

Judith Butler, *Troubles dans le Genre*, La Découverte, 2005.

Jolan Chang, *Le Tao de l'art d'aimer*, Calmann-Lévy, 1977.

André Comte-Sponville, *Le bonheur, désespérément*, coll. « Librio », J'ai Lu, 2003.

André Comte-Sponville, *La plus belle histoire du Bonheur*, coll. « Points », Le Seuil, 2006.

Catherine Cudicio, *Déchiffrer nos comportements*, Eyrolles, 2005.

Catherine Cudicio, *Le grand livre de la PNL*, Eyrolles, 2004.

David Deida, *Intégrer son identité masculine*, Le souffle d'Or, 2005.

Denis Diderot, *Les bijoux indiscrets*, coll. « Folio », Gallimard, 1982.

Nick Douglas, Penny Slinger, *Les secrets de l'extase*, France-Amérique, Montréal, 1984.

Carlo Ferrero, *Les cinq sens d'Éros*, Solar, 1988.

Helen Fisher, *Histoire naturelle de l'amour, instinct sexuel et comportement amoureux à travers les âges*, coll. « Réponses », Laffont, 1992.

Jean-Louis Flandrin, *Le Sexe et l'Occident*, coll. « Points Histoire », Le Seuil, 1986.

Girard Alain, *Le choix du conjoint. Une enquête psycho-sociologique en France*, PUF, 1964.

John Gray, *Mars et Vénus*, J'ai Lu, 1997.

Julian Jaynes, *La naissance de la conscience dans l'effondrement de l'esprit bicaméral*, PUF, 1994.

Zygmunt Kubiak, « La poésie grecque », in *Connaissance Hellénique*, n° 107, avril 2006.

André Lorulot, *Tricheries et trucages de l'amour*, L'idée libre, Herblay, 1957.

Michela Marzano, Claude Rozier, *Alice au Pays du porno*, Ramsay, 2005.

William Masters, Virginia Johnson, *Les réactions sexuelles*, Robert Laffont, 1968.

William Masters, Virginia Johnson, *Les mésententes sexuelles*, Robert Laffont, 1971.

Edgar Morin, *La Méthode*, coll. « Points Essais », Le Seuil, 2003.

Robert Muchembled, *Orgasme et Occident*, Le Seuil, 2005.

Ruwen Ogien, *Penser la pornographie*, PUF, 2005.

Michel Onfray, *Théorie du Corps amoureux*, Le Livre de Poche, 1996.

Michel Onfray, *Traité d'athéologie*, Grasset, 2005.

André Rauch, *L'identité masculine à l'ombre des femmes*, Hachette Littérature, 2004.

P. Schwartz, *Love between equals*, Simon & Schuster, New York, 1994.

Robert Van Gulik, *La vie sexuelle dans la Chine ancienne*, Gallimard, 1971.

Voltaire, *Le dictionnaire Philosophique*, Flammarion, 1993.

Lev Vygotsky, *Conscience, inconscient, émotions*, La Dispute, 2003.

Lev Vygotsky, *Pensée et Langage*, La Dispute, 1997.

Tables des matières

Sommaire 5

Partie 1 : Le corps : mode d'emploi 7

Chapitre 1 : Les réalités biologiques 9

Comment vous voyez-vous ? 11
Les représentations du corps 12
    La vulve 12
    La pilosité 13
    Les petites lèvres 14
    Le vagin et son rôle 14
    Le point « G » 15
    Le vagin est un organe vivant 17
    Les sécrétions blanches 17
    Les autres sécrétions vaginales 17
    Le clitoris 18
Anatomie sexuelle de l'homme 19
    La verge et les bourses 19
    Taille et volume de la verge 20
    Forme et pigmentation 20
    Le prépuce et le frein 21
    L'extrémité du gland 22
    Anatomie interne de la verge 22
    Les bourses 23
Physiologie du désir et du plaisir 24

Le cerveau : principal organe sexuel	25
Le rôle de la noradrénaline	25
Le rôle de la dopamine	26
Notre héritage naturel	27
Comment se manifeste l'orgasme	29

Chapitre 2 : La santé sexuelle 31

Qu'est-ce que la santé sexuelle ? 33
- Définir la sexologie 34
- Du normal au pathologique 35
- Le rôle de la sexologie 37

Les différents niveaux de la sexualité 38
- Les niveaux pulsionnel et compulsif 38
- Le niveau relationnel 40
- Niveaux de la sexualité et déterminismes 41
- Les choix masculins 42
- Les choix féminins 43
- Désir, passion, affection 45

Partie 2 : Psychologie du désir 49

Chapitre 3 : Nos références inconscientes 51

Le mythe de l'androgyne 53
- Le cadre platonicien 54
- L'homme défie les dieux qui le punissent 54
- Comprendre le mythe, décoder les symboles 56

Les représentations mentales 58
- Une représentation de soi 58
- Une conception du monde 59
- L'importance des représentations mentales 61

Le couple idéal 63
- Vers une sexualité épanouie 64
- Différents modèles de couple 64
- Contrats non dits 70

Chapitre 4 : La psychologie du désir 73

Différencier désir et pulsion 75
- Savoir à quel niveau de la sexualité on se situe 75

Ce que l'on contrôle et ce que l'on ne contrôle pas	76
Les attentes féminines	77
Les attentes masculines	78

Comment naît le désir ? 80
    La vue 80
    L'ouïe 82
    Le toucher 83
    Le goût et l'odorat 84
    Le rôle des représentations mentales 85

Représentations mentales et rencontres 86

Représentations mentales et fantasmes 87
    Les fantasmes féminins 88

Les entraves au désir 88
    Facteurs socioculturels 88
    Représentations mentales inhibantes 89
    Limites du projet fusionnel 91

Chapitre 5 : Les problèmes sexuels les plus fréquents 93

Dysérections 95
    Mécanismes de l'érection 96
    De bonnes conditions physiques et psychologiques 98
    Diagnostic 99
    Traitements 100

Éjaculation prématurée 102
    Un trouble sexuel 102
    Origines du trouble 103
    Éjaculation prématurée et masturbation 104
    Des représentations mentales erronées 105
    Vaincre l'éjaculation prématurée 107

Le vaginisme 109
    Comprendre les causes 109
    Les traitements du vaginisme 110

L'absence de désir et de plaisir 111
    Les origines du désir 111
    Comprendre le problème et le résoudre 114
    L'absence de plaisir 115
    Aller vers le plaisir 116

Partie 3 : Sens de la sexualité 119

Chapitre 6 : Le sens de l'acte sexuel 121

Les mots pour le dire 123
- Images mentales associées 124
- Les sources du sens de la sexualité 125
- Les pratiques de l'acte sexuel 129

Mais à quoi sert l'acte sexuel ? 131
- Procréer 132
- Apaiser ses pulsions 133
- Partager émotions, plaisirs, sentiments 134
- Le « contrat » 135
- Se sentir normal 136

Une relation d'équilibre 137
- Une relation gagnant/gagnant 137
- Utiliser ses différences comme des ressources ... 138
- Ne pas confondre le but et les conséquences 139

Chapitre 7 : À quoi sert le plaisir ? 143

L'orgasme, manifestation du plaisir 145
- Trois phases 146
- La fonction de l'orgasme 146
- L'orgasme de l'homme 147
- L'orgasme de la femme 148

Mais à quoi sert le plaisir ? 149
- Le plaisir selon Épicure 149
- Le plaisir et le sens de la vie 150
- Le plaisir et le bonheur 151
- Le plaisir et la qualité de la relation 152
- Le plaisir au service de la survie de l'espèce 153
- Le plaisir, outil naturel d'apaisement 154

De l'orgasme à l'extase 155
- Une attitude mentale 155
- Une relation amoureuse 162

Chapitre 8 : Les clés de l'épanouissement 167

Comment se structure le psychisme 170
- Les différentes « strates » 170

Identifier les « repères » psychologiques des problèmes	172

Accéder aux représentations mentales 174
Premiers pas vers la pensée analogique 174
La pensée analogique 176
Comment découvrir la « boîte noire » 178
Comment utiliser la pensée analogique 179

Conclusion 183

Annexes 185

La pensée analogique : textes choisis 187
La plage, une fin d'après-midi d'été 187
Promenade dans un jardin enchanté 188
Le miroir magique 190

Scène de libération 193
La puissance libératrice du langage 193

Bibliographie 195

www.ingramcontent.com/pod-product-compliance
Lightning Source LLC
Chambersburg PA
CBHW061643040426
42446CB00010B/1550